정말 소중한 것은
한 뼘 곁에 있다

정말 소중한 것은 한 뼘 곁에 있다

초판 발행 2009년 6월 30일

지은이 | 이우성

발행인 | 권오현 부사장 | 임춘실
기획 | 이헌석 편집 | 우은진 · 노선혜 · 장은빈 디자인 | 안수진
마케팅 | 김영훈 · 박선영

펴낸곳 | 돋을새김
주소 | 서울 종로구 이화동 27-2 부광빌딩 402호 전화 | 745-1854~5 팩스 | 745-1856
홈페이지 | http://blog.naver.com/doduls 전자우편 | doduls@naver.com
등록 | 1997.12.15 제300-1997-140호 필름출력 | N.com(2635-2468~9)
인쇄 | 금강인쇄(주)(852-1051) 용지 | 신승지류유통(주)(2270-4900)

ISBN 978-89-6167-035-7 (03810)
Copyright ⓒ 2009, 이우성

값 12,000원
*잘못된 책은 구입하신 서점에서 바꾸어 드립니다.

정말
소중한 것은
한 뼘 곁에
있다

글·이우성

돋을새김

아침을 일깨워주는 참새, 나의 참새들
아내와 두 아들에게 이 책을 바칩니다.

+ 여는 글

살면서 가장 소중히 해야 할 것

바람이 세차게 불고 눈보라도 몰아칩니다. 내 마음도 스산합니다. 바람 한줄기에도 오돌오돌 추워 떠는 나는 자연이 재채기를 하면 그날은 감기에 걸리고 맙니다. 나는 결국 나 혼자 사는 게 아닌 것을 알았습니다. 내 안에 들어와 있는 것들, 밥상에 반찬으로 올라와 있는 것들, 심지어 내가 마시는 물도 저 시냇물의 물 한 방울이고, 내가 마시는 이 공기도 나무가 밤새도록 내뿜는 산소 한 모금이라는 것을 알았습니다. 내 몸을 살찌우는 곡식과 채소들이 저 들판에서 나왔다는 걸 아는 데는 많은 시간이 걸리지 않았습니다. 내 의식은 자연에서 자양분을 얻었습니다.

무한한 햇살 한 줌, 대지의 에너지인 흙, 맑은 공기를 만드는 나무, 매일 함께 웃을 수 있는 이웃, 내 영혼을 살찌게 하는 고독,

무서운 톱니바퀴인 시간…… 나와 함께 사는 것들은 한도 끝도 없습니다.

그런데 이 모든 것이 내가 자신들을 조금이라도 생각해주길 바라는 것 같았습니다. 곁에 있어도 아무도 알아주지 않는다고 투정을 부리는 듯했습니다. 나와 함께 살고 있는 내 곁의 소중한 것들은 시간이 지나면서 옛날의 그 햇살이 아니고, 그 공기가 아니고, 그 물이 아니었습니다. 그 그리움이 아니고 그 정(情)이 아니었습니다. 내가 바빠, 미처 신경을 못 쓴 사이에, 아무도 관심을 갖지 않은 사이에 그들도 그들 나름대로 변했던 것이지요.

이제 그들에게 따뜻한 눈길을 주어야 할 때입니다. 생각해주는 사람이 좀 더 많아지면 그들도 다시 처음 그대로의 모습으로 돌아올 것이라고 저는 믿기 때문입니다. 우리의 작은 관심이 모여 지구를 움직이고 우주를 움직이는 큰 힘이 된다는 것을 저는 믿습니다.

삶을 느끼며 살기 위해 가장 먼저 해야 할 일은 무엇일까요? 관심 밖으로 밀려난 아주 작은 것들, 보잘것없는 것들, 별 볼 일 없는 것들이라고 멀리했던 존재들에게 따뜻한 눈길을 주는 것입니다. 소박하게 살면서 모든 생명체와 조화를 이루며 사는 것입니다. 꼭 필요한 것 외에는 가지려 하지 않고, 많이 먹지 않고, 많이 버리지 않고, 나를 찾으며 삶의 균형을 지키며 사는 것입니다. 그런 나의 독특한 능력을 다른 생명체에게도 보이는 것입니다.

자연의 생명체와 나의 관계는 알 수 없는 신호와 암호로 연결되어 있는 듯합니다. 그것을 제대로 해독하여 사물과 대화하고, 고마워하고, 그들과 함께 제대로 어울려 사는 것이 제일 먼저 할 일입니다.

이 책은 제 나름의 생각을 바탕으로, 살면서 가장 소중하게 생각해야 할 것들을 정리한 것입니다. 인간의 몸과 영혼을 풍요롭게 해주는 것들을 생각한 것입니다. 함께 생각해볼 거리를 찾아본 것입니다. 생각해보면 다른 분들도 또 새롭게 찾을 것들이 있을 것이고 생각의 방향이 훨씬 다를 수도 있을 것입니다. 저마다 우리가 살아가는 데 가장 소중한 것들이 무엇인지 찾아보는 것을 숙제로 삼으면 좋겠습니다.

각자 생각할 수 있는 것은 다를 테지만, 저마다의 생각이 하나같이 소중한 것입니다. 잊었거나 생각 않고 있던 소중한 것들에 대한 사람들의 관심이 조금이라도 생긴다면 그들의 투정이 조금 누그러질 수 있을 것이기 때문입니다.

우리 모두는 다 연결되어 있습니다. 같은 부모에게서 태어나 피를 나눈 형제만 서로 연결된 것이 아니고 우리 몸 구석구석에, 세포 속에 지금 이 책에서 얘기하는 모든 것이 서로 연결되어 있습니다. 그들이 없으면 우리는 순식간에 와르르 무너질지도 모릅니다. 항상 우리의 한 뼘 곁 친구로 붙어 있게 해야 합니다. 그러기 위해서는 내 몸 구석구석을 더욱 깨끗이 하고 그들을 온몸으로 감사히 받아들여야 하겠지요. 함께하는 것을 고마워하면 되지요. 따뜻한 눈빛들을 나누면 그들도, 우리도 매일 웃을 수 있겠지요. 그럼 세상은 또 얼마나 살기 좋은 세상이 될까요. 그렇지 않을까요?

내변산 직소폭포 근처 원불교 원광선원에서 생각들을 정리했습니다. 원불교도도 아닌 저를 따뜻이 맞아주고 한 끼도 거르지 않고 공양을 해주신 강 원장님, 하심 님 덕분에 맑은 마음으로 생각을 정리할 수 있었습니다. 높지는 않으나 깊은 내변산 숲길, 월명암, 직소폭포, 마당바위. 지친 내 몸을 받아준 그들이 내 벗이었습니다. 숲이 하자는 대로, 햇빛이 하자는 대로 생각했을 뿐입니다. 그래도 혼자만의 생각으로 너무 치우친 것들이 있다면 다 내 탓입니다.

2009년 6월
이우성

• 차례 •

여는글 살면서 가장 소중히 해야 할 것 · 6

하루도 없으면 못 사는 것들

1. 누가 보내주었을까, 밥 · 17
2. 돌아갈 몸 누일 집은 편안한가 · 21
3. 몸만 가릴 옷, 무화과잎으로는 너무 작다고요? · 25

너무나 고마운 것들

4. 돌아가 쉴 곳, 자연이 아파요 · 31
5. 허파 모양 닮은 나무는 지구의 허파 · 34
6. 돌 차지 마세요, 발목 부러집니다 · 38
7. 이름 없는 풀이 어디 있으랴 · 41
8. 흙은 생명의 어머니, 그 너른 품 · 45
9. 물은 아래로 흐른다, 물 흐르듯 살라 한다 · 49
10. 불은 아래에서 위로 흐른다 · 53
11. 지상 최대의 황금기, 꽃 · 57
12. 누가 뀌었나, 공기 흐리는 냄새 지독한 방귀 · 61
13. 내일은 또 내일의 햇빛이 · 64
14. 저 별은 어느 행성에서 온 걸까? · 68
15. 비를 맞으며 하루를 그냥 보내요 · 72
16. 사람들이 산을 찾는 이유는 · 76
17. 숲에서 들려오는 소리 · 79
18. 물의 종착지, 바다 · 82
19. 새는 무슨 수다거리가 그리 많은지 · 86
20. 달님의 시중은 달맞이꽃이 · 90

21. 진주보다 더 고운 아침 이슬처럼 · 93
22. 동물 중에 인간이 가장 하등 동물 · 96

축복의 땅에서 일어나는 일

23. 논만 바라봐도 배가 불러요 · 101
24. 저 들은 알고 있을까 · 105
25. 당신이 떠나버리면 누가 시골을 지킬까요 · 108
26. 농부가 사라지면 밥상은 누가 지키나요? · 111
27. 우리 땅에서 농사지은 우리 농산물이 최고 · 115
28. 씨앗 하나가 땅에 떨어져서 · 118
29. 봄여름가을겨울이 매번 올까요? · 122
30. 거름, 온전히 땅에 바치는 헌사 · 126
31. 똥과 오줌으로 밥을 만들어요 · 129
32. 보이지 않는 미생물 덕분에 · 133

한 뼘 곁, 이 덕분에 내가 산다

33. 나에게 말을 걸어오는 저 사람은 누구? · 139
34. 손은 마음을 이어주는 연결고리 · 142
35. 발, 냄새난다고 타박이시라구요? · 145
36. 맑은 눈에 풍덩 빠지고 싶어요 · 148
37. 코 꿰였다고 생각하면 이겨요 · 151
38. 당나귀 귀 가진 사람 어디 없나요? · 154
39. 입 함부로 놀리지마세요 · 157
40. 내 인생의 파랑새, 친구 · 160
41. 이웃은 인정의 샘물 저장고 · 163
42. 삶의 첫걸음미를 가르치는 가족 · 166
43. 바라보기만 해도 즐거운 부부이기를 · 170
44. 한 그루 나무로 커가는 아이 · 174
45. 어머니 아버지 날 낳으시고 · 177

46. 동료는 하루 중 가장 오래 만나는 사람 · 180
47. 참 스승은 어디에서 무엇을 하시는지 · 183
48. 나 자신을 잊고 사는 건 아닌지 · 187

내 삶을 풍요롭게 하는

49. 사람을 사랑합니다 · 193
50. 건강하게 오래 사는 법 · 197
51. 믿음이 주는 강력한 힘 · 201
52. 배려는 자기 자신을 위한 것 · 205
53. 당신의 희망은 무엇인가요? · 209
54. 웃음은 산소 공장, 널리널리 퍼져라 · 213
55. 기쁨만 오고 슬픔은 가라 · 216
56. 감수성, 마음을 살찌우는 · 220
57. 자존심은 고집과 구별해야지요 · 224
58. 매일 즐거운 생각만 가득하면 얼마나 좋을까요 · 227
59. 도전의 역사는 쭉 계속됩니다 · 231
60. 오늘 하루 행복한가요 · 234
61. 정이란 주는 걸까요, 받는 걸까요 · 237
62. 아름다움 속에 다른 사람의 '빛남' 이 있는 것 · 241
63. 사람의 체온이 높은 이유는 봉사를 위한 것 · 244
64. 인내하면 병아리가 나온다? · 248
65. 가슴 설레는 첫사랑의 그리움 · 252
66. 누구나 고독의 벤치에 앉아 있다 · 255
67. 깃털 같은 포근함으로 용서를 · 258
68. 순수, 근원으로 돌아가는 · 261
69. 겸손은 가장 실천하기 어려운 미덕 · 264
70. 긍정, 일이 되게 하는 힘 · 267
71. 가슴 넓은 사람이 이해해야지 · 270
72. 고마움을 모르면 사람이 아니지요 · 273

73. 단순한 것이 우주의 질서 · 277
74. 소박한 삶, 군더더기를 없애는 삶 · 281
75. 느림은 여유입니다, 나태가 아닙니다 · 285
76. '비움'은 '채움'과 같은 이름 · 289
77. 눈물 젖은 빵을 먹어야 비로소 · 293
78. 새로운 삶을 위해 실천, 용기를 내어 · 297
79. 열정이 없다고 누가 그러던가요? · 301

더 넓은 세상 속으로, 우주 속 나를 찾아

80. 배움의 길은 끝이 없어라 · 307
81. 일하지 않고서야 어찌 사람이라 할 수 있으랴 · 311
82. 여가 언제 있으세요? · 315
83. 생각만 해도 가슴 설레는 산책 · 318
84. 내 안의 평화 찾기 · 322
85. 시간은 흘러흘러 어디로, 흔적 없이 · 326
86. 떠남은 또 다른 길 찾기 · 330
87. 오늘 하루 어떠셨어요? · 334
88. 돌고 도는 돈, 딱 필요한 만큼만 · 338
89. 아무도 가보지 않은 죽음, 마구 달려가는 곳 · 342
90. 모든 것 마음먹기에 달린 것 · 345

맺는글 가장 소중한 것은 나 자신입니다 · 349

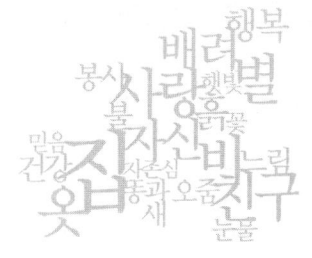

하루도 없으면
못 사는 것들

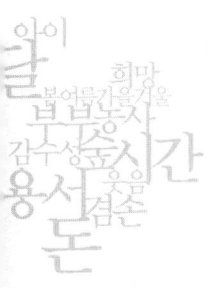

"지친 육체와 영혼을 치유하고 다시 살아갈 힘을 주는 자연 속에서 뛰놀고 기도하는 순간만큼 값진 것은 없다."

_더그 라슨

사람이 살아가는 데 꼭 필요한 것의 첫 번째가 의식주라고 합니다. 왜 사람들은 의식주(衣食住)라고 할까요? '식주의(食住衣)'나 '주의식(住衣食)'도 있는데. 먹고 자고 입는 행위는 매일 반복되는 일이지만 다들 의식하지 않고 무엇이 가장 중요한지도 생각하지 않습니다.

먹고사는 데 아무 지장이 없는 풍요의 시대에 살고 있기 때문일까요? 하지만 지금 우린 먹고사는 데 매우 지장이 많은 시대에 살고 있습니다. 먹고 입고 사는 데 너무 무절제하기 때문에 문제가 생긴 것입니다. 무엇이 가장 소중한지 생각해야 할 첫 번째가 '식주의(食住衣)' 입니다. 무절제한 풍요 사이에 창조적이고 균형 잡힌 의식이 자리해야 합니다. 이제 소중한 나 자신을 위해 어떻게 먹고 자고 입어야 하는지 선택하고 결정할 때입니다.

01. 누가 보내주었을까, 밥

밥은 생명입니다. 하루라도 먹지 않고는 살 수 없는 것이 사람입니다. 그래서 사람이 할 수 있는 가장 큰 저항 수단이 단식입니다. 먹지 않고 버틴다는 것은 죽음으로 배수진을 치고 할 말을 하는 것입니다. 그런데 우린 매일 먹으면서도 먹는 것의 소중함을 잘 모르고 있습니다.

그럼 무엇을 어떻게 먹어야 할까요? 건강한 밥상은 어디에서 오는 걸까요? 맛으로 먹어야 할까요? 배불리 먹는 것이 최고일까요?

사실 먹지 않고도 살 수 있으면 그것이 최고의 영양식입니다. 먹는 것은 모두 독이라고 합니다. 물과 공기만으로 살 수 있다면 사람에게 죽음이란 없다고 합니다. 독이 들어가지 않으니 건강을 해치지 않고 무한한 삶을 살 수 있다는 것이지요. 먹는 것에 들어 있는 독 때문에 사람의 생명에 한정이 생기는 것이라지요. 물론 이론입니다. 먹기 좋고 맛있고 부드러운 음식에는 독이 더 많답니다. 조미료를 넣고, 단 것을 넣고, 가공을 하고, 화학첨가제를 넣으니 더욱 그렇지요.

음식은 우리 몸에 흡수되어 피가 되고 근육이 되고 신경 세포가 됩니다. 우리가 먹고 마시는 것이 결국 우리 몸을 형성하는 것이지요. 독이든 아니든 먹지 않고는 우리 몸이 하루도 살 수 없는 것은 당연하겠지요.

지구에는 60억이 넘는 사람이 살고 있습니다. 모두에게 먹을 것이 필요하지요. 식량이 부족한 나라에서는 필요한 식량을 수입하기 위해 더 많은 에너지를 쓰고 있습니다. 그러나 먹고 있는 음식 대부분이 건강에 해롭다는 것을 아는 사람은 많지 않습니다. 그 음식이 어디에서 왔는지 알고 먹는 사람도 많지 않습니다. 무엇을 먹고 있는지도 생각하지 않으려고 합니다.

가능한 많이, 값싸게 먹을거리를 생산하려는 현실에 살고 있습니다. 그래서 생겨난 농사용 화학물질·농약·제초제·살균제는 땅과 물과 공기, 사람과 동물, 환경을 병들게 하고 있습니다. 의학자들은 새롭게 생겨난 현대병이 모두 병든 먹을거리에서 생겨난 것이라고 결론을 내립니다. 어린이들은 농약 잔류물에 특히 약합니다. 체

내에 농약 잔류물이 많으면 암을 비롯해 만성병, 성인병에 걸릴 확률이 높습니다.

먹긴 먹어야겠는데 무엇을 어떻게 먹어야 할까요? 어떤 음식을 아이들에게 먹여야 할까요? 자라나는 아이에게 독이 가득한 사과를 먹여야 할까요? 그저 주는 대로 받아먹는 아이에게만은 죄를 짓지 말아야 합니다.

매일 사들이는 음식이 누구에게서 나온 것인지를 아는 것에서부터 시작하는 것이 좋습니다. 입에 거칠더라도, 벌레 자국이 남아 있더라도, 작고 못생겼더라도 누가 어떻게 농사지은 것인지 알고 먹는다면 가장 큰 위험으로부터는 벗어날 수 있습니다. 점점 줄어들고 있는 지구 자원의 사용을 최소화하면서 에너지를 덜 쓰는 쪽으로 재배된 농산물, 자연환경에 맞게 자연의 맛을 최대한 살려 재배된 농산물을 먹어야 합니다. 동물의 복지를 최대한으로 살린 축산물을 먹어야 합니다. 자연에 가까운 식단은 어머니의 선택과 손길에 달려 있습니다.

물론 가장 훌륭한 음식은 자신의 텃밭에서 기른 재료로 만든 음식입니다. 그렇게 할 수만 있다면 최고의 방법입니다. 조금이라도 텃밭을 가져보는 것이 좋습니다. 농사짓는 즐거움과 직접 거둔 채소를 이웃과 나누는 즐거움이 함께 따라옵니다. 아파트라면 베란다에 상자를 놓고 채소를 조금이라도 길러보는 것도 좋습니다.

될 수 있으면 제철음식을 먹는 것이 좋습니다. 사라질 위기에 처한 토종씨앗으로 수확한 농산물이라면 더욱 의미가 있겠지요. 식품점에서 사야 하는 음식들은 어디에서 생산된 것인지 꼼꼼히 살펴보는 것이 좋겠습니다. 내 식탁까지 얼마나 먼 거리를 이동해왔을까? 어떻게 자라고 재배되었을까? 비료나 살충제, 다른 화학첨가제를 많이 쓰지는 않았을까? 내 아이와 나 자신을 위해 이 음식은 과연 필요할까를 생각하면서 사는 것이 좋겠습니다.

자연친화적으로 유기재배를 하는 농가도 늘어나고 있습니다. 몇몇 농가와 연결해 그 농가의 농산물을 먹으며 서로 아는 사이가 된다면 이 모든 것이 한꺼번에 해결될 수도 있겠지요.

먹는 것은 항상 고민입니다. 예전에도 그랬을까요? 이제 어머니들은 어디서 온 것을 어떻게 먹을지까지도 고민해야 합니다. 이런 고민거리는 시간이 갈수록 더욱 늘어날 것입니다. 지구 환경이 점점 나빠지고 있기 때문이지요. 조금 더 고민하고 건강한 밥상을 차린다면 지구의 생명은 한층 연장될 수 있을 것입니다. 바로 나부터 시작하는 것이 문제 해결의 출발점입니다.

02. 돌아가 몸 누일 집은 편안한가

사람들은 집으로 돌아가 편안하게 쉽니다. 돌아가 쉴 곳. 집을 생각하면 누구나 따뜻해지지요. 돌아갈 곳이 있는 사람들의 행복입니다. 바가지 많이 긁는 아내가 있어도, 말썽꾸러기 아이가 있어도 사람들은 어스름 저녁이면 돌아가 피곤한 몸을 누입니다. 그리고 아침이면 다시 활기찬 모습으로 일터로 향하지요.

집이 없으면, 돌아가 쉴 곳이 없으면 마음 한 구석이 휑합니다. 돌아가 쉴 집이 없어 거리에서 지새우는 사람들은 아주 작은 누옥일지라도 따뜻한 집의 온기를 간절히 원합니다.

살아 있는 동물은 모두 자신의 집이 있습니다. 피곤한 몸을 누일 공간, 어두운 밤을 지낼 공간이 동물에게는 꼭 필요합니다. 거미도,

새도, 토끼도, 하물며 지렁이도 자기 집을 갖기 위해 오랜 시간 공을 들입니다.

따지고보면 지구상에 사는 동물과 식물 모두 인간을 도와주는 구세주나 다름없는데 인간만이 너무나 큰 집을 짓고 삽니다. 모든 동물이 자신의 몸이나 겨우 들어가는 작은 집을 짓고 사는 데 비해 인간은 자기 몸의 200배, 500배나 큰 집을 짓고 삽니다. 인간 혼자서는 살 수 없는 곳이 지구잖아요. 그런데 그저 고등 동물이고 만물의 영장이니 그렇게 해도 된다고 하기에는 너무 규모가 크지 않나요?

새들은 자연에 널려 있는 재료를 한 입 한 입 물어다 스스로 집을 짓습니다. 그 둥지에 알을 낳고 새끼를 돌봅니다. 일가족이 다 들어가도 자신들의 몸 크기 정도에 불과한 그런 집을 짓지요. 훌쩍 다른 곳으로 이사를 가면 곧 퇴락해 자연으로 돌아가 흔적 없이 사라지는 그런 집을 짓지요.

옛날 우리 선조들도 그렇게 집을 지었습니다. 흙과 짚과 돌과 나무로 집을 지었지요. 한 방에 온 식구가 오밀조밀 모여 살기도 했지요. 엉덩이 부딪치면서 살면 도타운 정이 더욱 새록새록 솟아나는가 봐요. 그렇게 집을 지어 살아도 아무 문제없이 자식 낳고 기르고 살았잖아요. 시골에 가보면 옛날 집이 있던 곳이 허물어져 다시 산이 되고 밭이 된 곳을 자주 만날 수 있습니다. 옛 집은 허물어지면 그대로 자연으로 돌아가 흔적 없이 자연의 일부가 되었지요.

그런데 요즘 집들은 어떤가요. 인공 건축자재로 지은 도시 빌딩들이 하늘을 찌를 듯 마구 솟아 있습니다. 콘크리트 쏟아부은 시멘트 숲에서 숨 쉬기 곤란한 공간을 만들어야 잘 지은 집이라고 말합니다. 조금이라도 바람이 들어오면 날림공사했다고 타박합니다. 그래서 그 집이 100년을 갈까요? 낡아서 집을 허물면 그곳에서 나온 산업쓰레기를 버리기 위해 또 다른 공간을 마련해야 합니다. 지구가 한없이 넓고 무한하다면 얼마든지 용서가 되겠지만 어디 현실이 그런가요.

아토피나 천식이 신종 질환으로 등장합니다. 환경호르몬에 노출된 사람들은 또 다른 질병에 시달리게 됩니다. 옛날엔 보도 듣도 못한 병이 생겼습니다. 사는 공간에서 오는 과보호병입니다. 당장 편하다고 그저 두 다리 뻗고 눕기에는 현실이 너무 절박합니다. 속으로 곪은 것이 누적되어 터지면 직접 피해를 보는 사람은 다름 아닌 내 아이, 그 아이의 아이들입니다.

좁은 땅, 사람은 많고 필요한 집도 많습니다. 그렇지만 나무 높이 이상 올라가면 사람에게 별로 좋지 않은 환경이라고 합니다. 사람은 땅의 동물이라 땅에서 많이 떨어질수록 건강에는 별로 좋지 않다는군요. 5층 이상 높이에서는 살지말고 한 가족의 공간을 조금 좁혀보는 것은 어떨까요.

집의 크기가 부를 상징한다거나 삶의 행복을 가늠하는 척도라고 생각하는 사회 인식을 버려야 할 때입니다. 사람답게 사는 것, 집의 크기도 내 아이와 아이의 아이들을 생각하며 작고 아담하게 만드는 것이 삶의 질을 더욱 높일 것입니다. 오래되어 퇴락하면 자연의 일부로 돌아가는 자연재료로 집을 짓자고 하면 건축자재업자들이 몽둥이 들고 나타날까요.

03. 몸만 가릴 옷, 무화과잎으로는 너무 작다고요?

사람이 언제부터 옷을 입게 되었을까요?

에덴동산에서 아담과 이브는 선악을 알게 되는 나무 열매를 따 먹고 부끄러움을 알게 되고 중요 부분을 가릴 무화과잎을 찾아냅니다. 만약 그때 무화과잎을 발견하지 못하고 그대로 살았다면 사람의 역사는 어떻게 바뀌었을까요? 아마 추위를 이기기 위해 온몸은 털로 덮이고, 더울 때는 털이 다 빠졌겠지요. 흉측했겠다고요? 보기에는 좀 그럴지 모르지만 인간의 역사는 좀 더 평화로운 쪽으로 바뀌었을 겁니다.

인간이 몸을 가리기 시작하면서 가식과 질시와 남을 공격하는 난폭함이 생겼다고 보는 사람도 있습니다. 전쟁과 살인과 폭행이 감출 것은 감추고 자신의 것만을 고집할 때 생긴다고 보는 것이지요. 나체족이나 토플리스 옹호자들은, 사람은 옷을 벗을 때 순수한 원시의 인간 원형을 갖게 된다고 말합니다. 아기의 마음처럼 말이지요. 부끄러움도, 질시도, 남을 이기려는 이기심도 모두 없어진다는 것이지요. 일리가 있습니다. 가리기 시작해서 부끄러움을 알게 된 것이지 모두가 벗으면 부끄러움이 왜 일어나겠어요.

아담과 이브가 시작한 가림옷은 날로 발전해 사람에게 꼭 필요한 물건으로 자리매김했습니다. 그리고 오늘날엔 패션을 얘기하고 명품을 얘기할 정도가 되었습니다. 사람들은 좋은 옷, 사치품에 가까운 옷을 사기 위해 아낌없이 투자를 합니다. 동물의 가죽과 털은 이 때문에 마구 희생이 되고 있지요. 평생 입어도 모자랄 옷을 장롱 속에 쌓아놓고 포만감에 젖어 삽니다.

"당신이 입는 옷이 당신을 말해준다"는 의류광고업자의 말에 귀가 솔깃합니다. 자기 정체성은 온데간데없고 명품족 반열에 오르기 위해 기를 씁니다. 마치 좋은 옷, 비싼 옷을 사는 것이 행복에 이르는 지름길이라고 생각하는 듯합니다. 마치 행복을 돈으로 살 수 있다는 듯 착각의 강을 건너갑니다. 잠시 동안의 만족이 사라지면 다시 새 옷을 사고 남이 갖지 못한 더 특별한 옷을 찾게 됩니다.

옷은 추울 때 추위를 이길 정도, 더울 때 몸을 조금 가릴 정도면 되지 않겠어요. 옛날 선조들처럼 바느질 솜씨 뽐내며 스스로 옷을 만들어 입는다면 그보다 바람직한 것은 없겠지요.

    옷에 대한 생각을 달리해야 합니다. 유행이나 계절에 따른 스타일보다 오래 입을 수 있는 것, 기능적이고 미학적인 것에 더 중점을 두어야겠지요. 자신이 거의 입지 않는 옷은 그것이 필요한 이웃과 나누면 쓰임새가 훨씬 높아집니다. 그만큼 사로잡아야 할 동물의 숫자도 줄게 될 테고요.

    한 올 한 올 길쌈을 해서 베옷을 만들어 입던 할머니들을 생각합니다. 시대 탓, 굶주림 탓으로 돌리기엔 너무도 숭고한 노력과 노동이었습니다.

    아름다움은 내면에서 절로 나옵니다. 겉치장에서 아름다움을 찾는 사람은 금방 겉치레가 들통이 나지요. 진정한 자신의 모습을 자연스럽게 내보이면 모두가 알아봅니다. 자연스러운 아름다움을 가꾸어갈 때입니다. 소박하게.

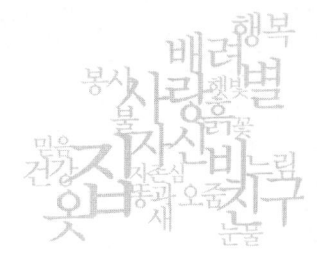

너무나
고마운 것들

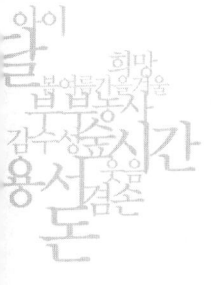

"자연의 신비와 아름다움 속에서 살아가는 사람이라면, 삶의 고단함에 쉽게 지치지도, 사무치는 외로움에 쉽게 빠지지도 않는다. 그런 사람들은 마음의 평안에 이르는 오솔길 하나를 간직하고 있다. 그 길을 걷다보면, 분노와 걱정에서 벗어나 삶의 새로운 활력과 흥분을 되찾을 수 있다."

_레이첼 카슨

지구에는 사람 이외에도 수많은 생물들이 함께 살고 있습니다. 사람만이 주인은 아니지요. 그런데 사람들은 자신들만이 곧 대궐 같은 집의 주인인 양 행세하며 다른 생물들을 마당쇠나 집 지키는 개 정도로 대합니다. 그래서는 안 될 일이지요.
자신을 헌신해 조건 없이 사람을 도와주는 것들도 많습니다. 아무 대가 없이 고스란히 자신을 바치는 것들도 있지요. 아마 사람 혼자 지구에 산다면 며칠 못 가 굶어 죽거나, 삭막해 죽거나, 외로워 죽거나 했겠지요. 눈을 들어 조금만 고개를 돌려보면 천지가 친구요, 지구의 동반자입니다. 우린 그들에게 무얼 해주고 있을까요?

04. 돌아가 쉴 곳, 자연이 아파요

　자연은 어머니 품입니다. 개미처럼 작은 사람은 자연의 너른 품을 감히 가늠할 수조차 없습니다.
　자연 속에 있으면 어머니 품에 안겨 있는 것처럼 편안합니다. 살면서 무한한 은혜를 받고 죽어서도 그 품에 안겨 영원한 안식을 얻습니다. 세상사 피곤한 사람들이 주말마다 자연을 찾아 전원으로, 숲으로, 시골로 나갑니다. 가는 길이 막혀도 주말이면 자연으로 나가는 사람들. 그곳에서 또 다른 에너지를 얻고 돌아옵니다. 자연이 사람에게 보내는 에너지는 감미롭고 평화롭고 힘이 나는 에너지입니다.
　자연의 큰 수레바퀴는 어제도 오늘도 어김없이 돌아갑니다. 그

품에 안긴 수많은 피조물이 시계톱날처럼 맞물려 돌아가고 있습니다. 서로가 서로의 서식처가 되면서 자연에 존재할 수 있는 터전을 만들고 있습니다. 서로 다른 생물에 의지해 살아가면서 서로에게 도움을 주는 공생관계인 생물도 있습니다. 어느 한쪽 균형이 깨지면 자연의 시계는 고장날 수밖에 없습니다. 서로가 서로를 도와주며 맞물려가고 있기 때문입니다.

넓은 자연의 품에서 매일매일 살아가는 사람들은 자연의 고마움에 대해 제대로 알지 못합니다. 자연이 사람의 목숨줄을 쥐고 있다는 사실도 모르지요. 늘 곁에 있는 풍경으로만 알고 있기에는 너무나 소중한 자연. 그 자연이 병들고 아파하고 있습니다. 몇 백 년 만에 자연은 엄청나게 파괴되었습니다. 아마 인간 다음에 지구에 올 생물체는 인간이 지구 곳곳에 낸 상처를 보고 혀를 내두를 게 뻔합니다.

지구상에는 인간을 포함해 1천만~2천만 종의 생물이 자연이라는 거대한 품에 안겨 살아가고 있다고 합니다. 이들 중 대부분은 아직 그 모습조차 드러내 보여주지 않았습니다. 인류가 알기도 전에 파괴되는 것도 많습니다.

자연의 시간은 우릴 기다려주지 않습니다. 인구과잉, 자원고갈, 환경오염, 생물멸종, 기후변화…… 지금의 아이들이 어른이 되었을 때 석유는 고갈되고 숲은 파괴되고 기아의 고통과 식량부족으로 전

세계가 전쟁의 소용돌이에 빠질 위험이 있다고 말합니다. 해안가 도시들이 바닷물에 잠기고, 오존층 구멍은 더욱 커져서 사람들은 피부암으로 고통받고, 생태계 불균형이 우리 목숨을 빼앗아갈 것이라고 내다보는 사람도 많습니다. 우리 생활 방식과 소비 방식을 혁신적으로 바꾸지 않으면 이 세상과 자연은 엄청난 고통과 절망 속으로 빠져들 것입니다.

절망이 현실화되어야 사람들은 깨닫습니다. 그러나 그때는 이미 늦습니다. 지금부터라도 자연에 대한 생각, 자연이 있어 하루하루 삶을 이어가고 있다는 소중한 생각을 먼저 해야 합니다. 우리 모두의 책임이라는 생각과 각성으로 새로운 생태적인 가치관을 만들어야 합니다. 자연에 있는 모든 생명체는 신과 같다는 생각으로 지키려고 노력해야 합니다. 자연과 한 몸이라는 생각으로 살아가야 합니다.

소중한 시간이 속절없이 흘러가고 있습니다. 지금 시작해도 늦습니다. 사람이라면 마땅히 자연의 섭리라는 톱니바퀴가 잘 굴러가도록 힘을 보태야 합니다. 사람이 자연을 그리워하고 돌아갈 곳으로 정한 것은 자연의 넓은 품과 자애로움을 느끼고 있기 때문이라고 하지 않던가요.

05. 허파 모양 닮은 나무는 지구의 허파

겨울이 되면 나무는 자신의 옷을 모두 벗습니다. 나무가 벗은 옷이 나무비가 되어 쏟아집니다. 쏟아져 땅으로 돌아가 다시 자신의 자양분이 됩니다. 나무가 자신의 옷을 다 벗지 않으면 겨울에 내리는 눈을 떠안고 서 있질 못합니다. 옷을 벗어 가볍게 자신을 갖춰놓아야 눈의 무게를 이기고 자신이 설 수 있지요. 잎이 많이 붙어 있다면 그 넓은 잎에 앉은 눈의 무게를 감당하지 못해 가지가 부러지고 줄기가 부러지겠지요.

우린 나무의 도움 없이는 하루도 살 수 없습니다. 세상에 나무가 없다면 우린 숨도 제대로 쉬지 못하고 말 것입니다. 우리가 마시는 산소는 모두 나무가 내뿜는 것입니다. 우리는 산소를 마시고 탁한 이산화탄소를 내뿜지요. 그 이산화탄소를 다시 나무가 빨아들입니다. 그래서 나무를 지구의 허파라고 하지요. 누군가는 나무가 자신의 옷을 다 벗은 모습이 꼭 허파 모습과 닮았다고 합니다.

나무란 나무는 모두 인간을 위해 무한 봉사합니다. 대가를 바라지도 않습니다. 나무와 대화하는 사람이 있다면 뭔가 인간에게 바라는 걸 들을 수 있을 텐데 그럴 수도 없고요. 도끼질이나 하지말라고 할지도 모르지요.

나무는 자기 몸을 인간에게 고스란히 내주어 집을 짓게 합니다. 땔감으로도 줍니다. 종이를 만들게 합니다. 또 있지요. 사람 몸에 좋은 수액도 주고요, 뿌리는 약재나 관상용으로 가져다 쓰게 합니다. 죽어 쓰러지면 수많은 곤충과 벌레들의 먹이로 아낌없이 소신공양하지요. 울창한 숲에서는 사람 몸에 좋은 향기를 맡게 해주고요. 녹색의 잎은 또 얼마나 사람의 눈과 가슴을 청명하게 하는지요. 지구의 한가운데로 들어가는 나무의 뿌리는 땅속 깊은 곳 대지의 숨결을 담고 있지요. 하늘 높이 솟은 가지와 잎은 하늘의 기운을 담고 있구요. 그러니 나무는 우주의 기운을 다 담아 고스란히 사람에게 내줍니다.

흙 한 줌 없는 절벽 위 바위틈에서도 나무는 자랍니다. 비탈진 곳에서도 태양을 향해 서 있는 것이 나무입니다. 계절에 따라 나무는 자연의 풍광이 시시각각 빚어내는 오묘한 색깔을 자랑합니다. 봄에는 초록을, 여름에는 녹색을, 가을에는 붉은색을, 겨울에는 잿빛을……. 생로병사의 우주 이치를 나무처럼 매번 내보이는 것도 없습니다.

지구를 지키는 '신' 같은 존재인 나무에 함부로 도끼를 대면 큰일 납니다. 나무에는 정령이 있다고 합니다. 당산나무를 베어서 잘못된 마을 이야기도 심심찮게 있지요. 예부터 당산나무는 마을을 지키는 수호신이었습니다. 당산나무가 가지를 치고 그 가지가 또 가지를 쳐, 햇살을 더욱 많이 받기 위해 무수한 잎을 답니다. 가지가지 벌어놓고 팔을 벌려 큰 그늘을 만듭니다. 여름 뙤약볕에 그 그늘로 모여드는 할머니, 할아버지를 보면 꼭 할아버지 품에 안긴 손주 같습니다. 한 세대가 나무를 심으면, 다음 세대는 그늘을 얻는다는 동양의 격언이 딱 들어맞지요.

오래된 나무일수록 껍질이 두껍고 거칩니다. 굴참나무 껍질은 꼭 두꺼비 등 같습니다. 연륜을 말하고 있지요. 깊은 주름에는 살아온 세월만큼 나이테가 자랍니다. 나무는 연륜이 쌓이면 나무 전체에서 풍기는 멋이 다릅니다. 큰 키에 우람한 형상, 자연히 나무 세계에서 질서가 잡히지요. 작은 나무들은 연신 큰 나무에 굽신거리고요.

나무는 바람이 세차게 불면 바람을 그대로 맞고 살랑살랑 흔들며 그 바람을 보냅니다. 분수에 만족할 줄 아는 것이지요. 소나무 밑에는 어김없이 작은 식물들이 자랍니다. 솔잎이 가늘어 새어 나온 햇빛을 나누어주기 때문입니다. 햇살을 다 챙겨 겨울에 잎새가 다

떨어지는 활엽수에 비하면, 나누어주어 잎을 푸르게 간직하는 소나무는 그 아래 동무들이 있어 한겨울에도 외롭지 않습니다. 제 몫 챙기지 않고 함께 나누면 힘들 때 사람도 외롭지 않게 된다는 교훈을 나무는 우리에게 주고 있습니다.

나무는 추운 겨울에도 잠자지 않고 조금씩 자랍니다. 표피는 더욱 튼실해져 생기를 내뿜지요. 여린 나무일수록 더욱 윤기가 나고 생기가 돕니다. 추위가 깊어질수록 더욱 생기롭지요. 추위에 얼어 죽지 않기 위해서랍니다. 봄의 성장을 약속하기 위해 은밀히 기운을 축적하는 것이라지요. 이른 봄, 물이 오르면 새순들이 무섭게 솟아오르는 것은 혹독한 겨울 동안 힘을 비축하고 안으로 안으로 성장을 했기 때문이지요. 힘든 고난이 닥치면 움츠러들어 한없이 작아지고 절망하는 우리와는 너무나 차이가 많지요.

눈의 무게를 감당하기 위해 때가 되면 비워둘 줄 아는 나무, 가진 걸 나누면 동지가 생긴다는 나무, 힘들 때 그것에 맞서 기운을 축적하면 더욱 성장한다는 나무의 지혜, 작지만 큰 가르침입니다. 자신의 그릇 크기는 생각지 않고 채워두려고만 하는 사람의 욕심이 부끄럽습니다.

움직이지 못한다고, 말하지 못한다고 도끼 자루를 마구 휘둘러서는 안 되겠지요. 나무는 오늘도 우뚝 서서 바람에 자신을 적당히 맡기면서도 사람들에게 자신을 닮으라고 소리 지르고 있습니다.

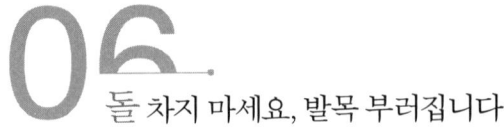
06. 돌 차지 마세요, 발목 부러집니다

산 정상에 우뚝 솟은 큰 바윗덩이를 봅니다. 바위는 세상일들을 관조하는 듯한 눈빛입니다. 바위도 표정이 있습니다. 그것은 만고풍상을 겪고난 후 생긴 표정입니다. 비바람이 세찬 곳일수록 시련에 단련되어 표정이 온화하지요. 피부도 매끈하고요. 공사장 근처 돌들은 소음에 시달려서 그런지, 돌의 기능을 고정시켜서 그런지 모가 나고 거칩니다.

발부리에 채인 돌들을 주워 가만히 들여다보면 그가 어디에서부터 굴러 바로 내 앞까지 왔는지를 전해주는 것 같습니다. 주먹에 쥐어지는 크기의 돌도 몇 십 년 전, 몇 백 년 전, 몇 천 년 전, 아니 몇 억 년 전에는 우람한 형상의 큰 바윗덩이였을 겁니다. 높은 산꼭대기에 떡 버티고 앉아 "꼼짝마라, 세파야" 하고 천지를 호령했을지도 모르지요.

그 바위가 수억 년간, 수천 년간, 수백 년간 쏟아지는 비를 맞고, 바람을 맞고, 눈을 맞고, 번개를 맞아 갈라지고 쪼개져 굴러굴러 천지를 돌다가 오늘 바로 내 발 앞에 있는 것이지요. 그러니 내가 발로 차는 이 돌이 내 할아버지의 할아버지, 그 할아버지의 할아버지⋯⋯ 우리 조상보다 더 오래 산 것이니 내 발이 아프고 발목이 부러지는 것은 당연한 이치.

지구의 역사를 담고 있는 것이 또 돌입니다. 돌에 찍힌 공룡 발자국, 돌에 새겨진 나뭇잎 한 잎, 물고기 뼈 하나로 시대를 알아맞히기도 하구요, 수십만 년 전 지구의 역사를 추정하기도 하지요. 돌 하나에 수억 년 세월의 흔적이 함께 아로새겨지기도 하지요. 단층을 이룬 돌은 시대마다 그 당시 환경이 어떠했는지를 알려주는 중요한 증거물이기도 합니다. 돌 하나에 영겁의 세월, 수억 년의 세상 역사가 담겨 있습니다. 다시 그 돌은 앞으로 수억 년을 살아갈 것입니다. 그런 의지의 표시로 그 돌이 우리 앞에 있는 것입니다. 이끼가 달라붙어 있는 돌을 보면 그렇게 아름다울 수가 없습니다. 고색창연하다고나 할까요. 아침 이슬 머금은 이끼 덮인 바위를 보면 예술품이 따로 없습니다.

돌도 생명이 있어 숨을 쉰다고 합니다. 돌이 머금고 있다가 내뿜는 물은 또 얼마나 많은데요. 큰 산 아래 밭들엔 돌이 많습니다. 산에서 굴러굴러 내려온 돌이겠지요. 이런 돌밭은 농사짓기에는 조금 힘이 들어도 여름에 가뭄을 잘 타지 않습니다. 돌이 머금은 수분을 조금씩 조금씩 밭으로 내놓기 때문이지요. 그러니 산에 들에 돌이 없으면 쉽게 가뭄이 들고 물이 줄어 매번 물 부족에 시달릴지도 모릅니다. 참 오묘한 자연의 이치에 고개가 절로 숙여지지요.

그냥 채이는 것이 돌이라 돌이 인간에게 무슨 일을 할까 싶은 분도 있겠지요. 돌은 없어서는 안 될 중요한 건축자재입니다. 모래는 아주 작은 돌 알맹이지요. 집 짓는 데, 도로 닦는 데, 건물 짓는 데 모래와 자갈이 꼭 들어갑니다. 구들돌로도 쓰이고, 주춧돌로도 쓰이고, 벽에도 들어가고, 정원 꾸미는 데도 들어가고요. 또 돌은 성분에 따라 물을 정화하기도 하고, 다이아몬드·구리·니켈 같은 금속 성분의 모태가 되기도 하구요. 심지어 공기놀이할 때 공깃돌로도 쓰이잖아요.

깎이고 패이고 구르다보면 모난 곳은 없어지고 둥글둥글 조약돌이 됩니다. 살다보면 사람도 둥글둥글해지잖아요. 연륜이지요, 바위처럼. 세상의 무상함을 가르쳐주고 있는 돌을 한참 바라보면 경외감마저 느낍니다. 이 세상 움직이고 살아가고 죽어가는 것들을 지켜보며 그저 그 자리에 우뚝 서 있는 것, 바윗돌 같은 단단한 신념. 바위는 말합니다. 흔들리지 말고 바위처럼 신념대로 살라고.

07.
이름 없는 풀이 어디 있으랴

이른 봄부터 늦은 겨울까지 초록을 선사하고 상쾌한 공기와 향기를 뿜어내는 풀. 아무 들판에나 가서 서 있으면, 서 있는 주변으로 수백 종의 풀들이 자라고 있습니다. 저마다 꿈틀꿈틀 땅에 뿌리를 박고 고개를 뾰족이 내밉니다.

이름을 몰라서 그렇지 이름 없는 풀은 없습니다. 모양과 성격에 딱 들어맞는, 앙증맞은 이름들이 있습니다. 며느리밥풀, 며느리밑씻개, 꽃다지, 미나리아재비, 애기똥풀, 쇠뜨기, 강아지풀, 쑥부쟁이……. 예쁘고 우습고 귀엽고 재미있지요. 누가, 왜 이름을 붙였을까요? 풀에 붙인 이름들은 어떤 의미가 있을까요? 풀들은 사람들이 붙인 이름을 마음에 들어 할까요?

밟아도 밟아도 풀은 절망을 모릅니다. 이곳 아니면 저곳에서 무더기로 피어오릅니다. 그들이 이 땅에 피어오르는 건 바로 민초들의 생명력을 보여주기 위함입니다. 밟아도 밟아도 굽히지 않는 끊임없는 생명력, 힘을 모아 생존을 거듭하는 실낱 같은 운명.

밭에서 풀은 그야말로 천대를 받습니다. 작물이 자라는 데 별로 도움이 안 된다고 생각하기 때문이지요. 농사짓는 분들 중에는 풀과 함께 작물을 키워 자연 그대로의 맛과 향을 지키는 분들도 있지만, 대부분은 풀을 그저 잡초로 여겨 뽑아버리거나 약을 쳐서 죽이지요. 사실 사람의 잣대로 채소 같은 작물은 이롭고 잡초는 해롭다고 하는 것이지 풀의 처지에서는 자기 땅에 핀 죄밖에 없을 테지요.

풀이 땅을 붙잡고 있는 힘은 대단합니다. 뿌리가 여러 갈래로 땅속 깊숙이 들어가 있기 때문이지요. 그래서 풀을 뽑을 때는 풀이 뿌리를 내려 땅을 잡고 있는 힘보다 더 많은 힘을 주어야 합니다. 풀의 힘보다 들어 올리는 힘이 약하면 풀은 끊어집니다. 풀을 뽑다가 뿌리가 끊어지면 풀은 며칠 후 다시 그 자리에 새싹을 피웁니다. 물론 다 뽑았다 싶어도 새로운 풀씨가 어느새 날아와 또 금방 풀밭이 됩니다.

풀은 흙과 우주를 교감하게 합니다. 풀을 뿌리째 들어 올리면 땅의 기운도 함께 들어 올려집니다. '풀뿌리에는 우주의 생명과 우주의 작용이 서로 교감한 결과가 담겨 있다'고 인지학의 창시자 루돌

프 슈타이너는 말합니다. 땅 밑의 모든 것과 관계를 맺고 있는 것은 우주의 먼 행성과 관계를 맺고 영향을 준다는 것이지요. 그러니 풀을 들어 올리는 행위는 풀과 우주의 교감을 끊는 것이지요.

어느 누구에게도 살아 있는 생물체를 죽일 권리는 없습니다. 그럼 어떻게 해야 할까요. 풀이 아예 나지 않게 천을 깔거나 풀을 잘라 주는 것이 좋다고 합니다. 풀은 왕성한 생존력으로 농작물을 괴롭히지만, 주변 다른 식물과 교감하면서 어울리고 생명이 다하면 농작물의 영양제가 되기도 합니다.

여전히 풀과 작물이 공존하는 밭은 이상적일까요? 밟아도 뽑아도 꿈쩍 않는 풀과 공존하는 방법은 없을까요? 풀은 풀로 없애는 것이 현명합니다. 요즘은 논에 자운영이나 클로버, 호밀, 수단그라스 같은 풀을 함께 심기도 합니다. 녹비작물(綠肥作物)로 논에 이런 풀을 심어서 공기 중에 있는 질소를 빨아들여 질소비료를 만들어내게 합니다. 풀과 공생하는 방법입니다. 키 작은 풀이라도 한 포기에 달리는 씨앗은 수백 개가 넘습니다. 그러니 풀을 잡으려고 하다가 자기가 잡히고 말지요.

풀이 없으면 빗물에 의해 매년 몇 천 톤에서 몇 만 톤의 지표면 흙이 씻겨 내려갑니다. 20~30년 후에는 지표면 흙이 없어지고 땅 힘은 제로에 가깝게 되고 맙니다. 풀은 자라야 할 종류의 것이 자라고, 번성해야 할 원인이 있어서 번성하고, 죽어야 할 이유가 있어서

말라 죽습니다. 공존하고 투쟁하고 공영하는 순환을 풀도 되풀이하고 있지요.

    봄에 나오는 풀의 새싹은 모두 먹을 수 있습니다. 겨울을 이기고 나온 것이라 향도 좋고 사람의 원기를 북돋아주지요. 무쳐 먹고 데쳐 먹으면 맛이 아주 향긋합니다. 형형색색 피는 풀의 꽃은 얼마나 초롱초롱 귀여운가요. 노란 옷 입고 유치원 가는 아이들처럼 재잘거리며 피어납니다. 우리나라처럼 지천에 야생화가 만발한 나라도 드물 것입니다. 한낱 이름 없고 보잘것없는 풀이라고 괄시한 사람들 보란 듯이 야생화들은 군락을 이뤄 피어 있습니다.

08.
흙은 생명의 어머니, 그 너른 품

흙은 생명의 어머니라고 합니다. 흙이 있어야 세상 만물이 자라지요. 하지만 요즘 도회지에서는 흙 한 줌 볼 수 없습니다. 흙이란 흙은 아스팔트로 다 덮어버렸지요. 거대한 아스팔트 도시가 도회지입니다. 사람은 모름지기 흙의 기운을 받고 살아야 연명할 수 있는데 도회지 사람들은 어떤 기운을 받고 사는지 모르겠습니다. 그래서 주말이면 땅을 찾아 도회지를 벗어나는지도 모릅니다.

흙을 밟고 사는 것 자체를 행복하게 생각해야 합니다. 흙에 대해 무한한 고마움과 존경의 태도를 가질 때 우리의 환경과 흙은 살아 숨 쉴 수 있습니다. 흙은 오곡백과를 생산하며 우리를 먹여주고 섬유를 만들어 우리 몸을 보호해주며 나무를 키워 우리에게 삶의 터전을 마련해줍니다. 온갖 동물들이 쏟아내는 배설물과 쓰레기를 분해해 환경을 깨끗이 정화해주는 것도 바로 흙입니다. 흙은 한 생물이 너무 번성하면 그것을 억제하고 다른 생물들을 자라게 합니다. 그리고 병(病)이나 충(蟲)으로 작물이 힘들게 되면 직접 치료해주거나 다른 생명체와 천적을 키워 그 어려움을 해결해주기도 합니다.

흙은 생명의 모태이기도 하지만 모든 첨단과학기술의 모태이기도 합니다. 생명공학을 연구하는 분들은 아프리카 사막, 북극, 남극, 히말라야 고지, 적도 같은 곳으로 연구원을 보내 그곳 흙을 가져오게 합니다. 그리고 그 흙에서 이로운 미생물, 특수한 미생물을 뽑아냅니다. 그것이 모여 어떤 물질을 만들 정도가 되면 바이러스 병원균을 이기는 의약품으로 재탄생시켜 불치병을 고치게 합니다. 또 생물농약의 재료로도 쓰고 화장품의 원료로도 씁니다. 새로운 생물체의 발견에도 한몫을 하구요.

아이들이 흙장난을 하면 "에비!" 하면서 못 만지게 하는 부모들이 많지요. 하지만 흙을 만지면 아이들 뇌 발달에 훨씬 좋습니다. 모래 장난 열심히 하던 아이들은 그 감촉과 즐거움을 성인이 되어서도 기억합니다. 맨발로 흙 길을 다니게 하고 흙장난 열심히 하게 하면 정서적으로 풍부한 아이로 기를 수 있습니다.

흙은 예로부터 이 땅에서 헌신하면서 인간 생활을 이롭게 하고 있습니다. 말썽부리는 자식이라고 품에 안지 않는 어머니가 없듯이 흙은 모든 것을 다 포용합니다. 심지어 쓰레기도, 산업폐기물도 다 포용합니다. 흙이 지닌 유해물질의 분해·해독 작용은 특히 주목받고 있습니다.

그러나 흙도 아파할 줄 압니다. 자신의 자정 능력에 한계가 있다는 것을 호소하며 고통스러워합니다. 수백 년이 지나도 깨끗이 정화하지 못하는 것도 있지요. 백 년도 못 사는 사람들이 수백 년 가는 쓰레기를 마구 땅에 파묻어버리는 게 요즘 인간 사회입니다. 그래서 흙이 죽고 사막이 늘어납니다.

인간이 저지른 큰 죄 가운데 하나가 바로 옥토를 사막으로 바꾼 것입니다. 사막 속을 헤매는 생명체에게는 그저 죽음이 있을 뿐입니다. 농약과 화학비료, 분뇨나 쓰레기 속에서 썩어가는 흙을 바라보면 지구 전체의 사막화도 먼 얘기가 아니라는 생각이 듭니다. 흙이 죽으면 모든 것이 다 끝장납니다.

흙도 살아 있어야 숨을 쉽니다. 살아 있는 흙이란 흙 속의 생물이 살기 좋은 흙입니다. 기름진 흙, 좋은 흙은 더욱 왕성하게 숨을 쉽니다. 흙이 숨 쉰다는 것은 흙 자체가 숨 쉬는 것이 아니라 흙 속에 살고 있는 수많은 토양미생물이 숨을 쉬는 것입니다. 그러니 당연히 토양 미생물이 죽으면 흙도 죽고 마는 것입니다.

세계 곳곳에서 흙이 앓는 소리가 심각합니다. 선진국들의 과도한 육식 보급과 개발도상국들의 육류 소비 증가로 곡물 소비량이 계속 늘어나고 있으며, 필요한 곡물을 생산하기 위해 흙은 계속 죽어 가고 있습니다. 인간의 이익 추구를 위한 집약적 농업에 따른 화학 비료와 농약의 과다투입, 열대림 남벌 등으로 흙의 위기는 세계적으로 급격하게 진행되고 있으며, 그 정도도 아주 심각합니다.

우리나라도 비슷합니다. 도시 근교의 평탄하고 비옥한 농지가 파헤쳐져 택지로 바뀌고 있습니다. 많은 사람들이 콘크리트 고층 아파트에 살고, 아스팔트 도로를 걸어 다니고 빌딩 속에서 일합니다. 흙과 아무 관련이 없는 곳에서 매일 생활하면서 흙이 죽든 말든 알 바 아니라지만 천만의 말씀입니다. 우리의 건강과 생명을 유지시켜 주는 모든 것들이 흙의 작용 때문이라는 것을 한시도 잊어서는 안 됩니다. 흙은 생명의 근원이고 우리 삶의 터전이며 우리 농업의 바탕입니다. 사람과 흙은 서로 나뉘어 있는 것이 아닙니다. 흙이 병들면 사람도 병약해집니다.

하나밖에 없는 지구, 이 지구가 덮고 있는 흙은 한번 황폐화되면 영원히 회생되지 못하거나 2~3천 년이 걸려야 바윗돌에서 겨우 10cm 정도의 새 흙이 만들어질 뿐입니다.

흙을 살리고 지키는 일, 이 땅을 사는 사람들에게 하늘이 내린 소명입니다.

09. 물은 아래로 흐른다, 물 흐르듯 살라 한다

지구 표면의 70%가 물이며, 사람 몸의 70%도 물이라지요. 물은 하늘에서 떨어지고 땅에서도 솟습니다. 하늘에서 떨어진 물은 인공적으로 가둔 뒤에 걸러서 집집마다 먹는 물로 들어가구요, 산에서 솟은 물들은 스스로 물길을 만들어 흘러내리면서 정화되어 사람이 먹을 수 있게 됩니다.

지구상 거의 모든 생물에게 물이 필요합니다. 목이 마른 들짐승은 개울물 한 모금을 축이고 생명력을 얻습니다. 여름날 땀 흘린 후 마시는 냉수 한 잔에 폐부 깊숙이까지 시원해집니다. 움직이지 못하는 나무와 풀도 스스로 물을 머금거나 땅이 머금은 물을 뿌리로 빨아들입니다. 시원하기는 사람과 마찬가지겠지요.

하루도 마시지 않으면 살 수 없는 물, 맑고 투명한 물. 마르지 않는 샘으로 물이 항상 곁에 있어줄까요.

지구에 있는 물의 2.5%만이 사람이 먹을 수 있는 물입니다. 그 중 3분의 2는 꼼짝하지 않아 전혀 이용할 수 없는 만년설이나 빙하입니다. 호수, 늪, 강, 지하대수층, 흙 사이의 틈, 대기, 생물체의 몸에 있는 물은 지구 전체의 0.77%입니다. 부피로 치면 1000만km^3. 햇빛에 의한 물의 순환으로 바닷물이 증발해 생긴 물은 육지 강수량의 3분의 1 정도 됩니다. 나머지는 지표면에서 증발한 물과 식물들이 땅속에서 빨아들인 뒤 대기 중으로 내뿜은 물이지요. 이 물의 양은 약 11만km^3. 이 중 10% 정도인 1만 2500km^{3}만 사람이 이용할 수 있는 지표면 빗물입니다. 마실 수 있는 물의 양이 이 정도라는 거지요. 그런데 세계 인구 증가로 먹는 물의 수요는 날로 증가하고 있습니다.

물의 순환에서 중요한 역할을 하는 것이 나무와 미생물입니다. 나무들은 지표면의 물이 흘러가는 속도를 늦춰주어 물이 땅속으로 스며들 수 있는 시간을 벌어줍니다. 식물들은 비가 내릴 때 빗방울의 힘을 약화시켜 땅을 보호합니다. 미생물은 쓰레기 분해자로서 물을 깨끗하게 하는 일등공신입니다. 문제는 이제 미생물도 분해할 수 없는 합성물질과 오염물질이 너무 많아졌다는 것입니다.

농사짓는 데도 물이 많이 필요합니다. 우리나라 날씨와 환경에서는 보름 정도만 비가 오지 않아도 가뭄 타는 밭들이 많습니다. 대단위 하우스 시설을 만든 곳은 지하수 고갈 문제가 심각합니다. 저수지에 가둔 물은 오염이 심각해 농사용으로 적합하지 않은 곳이 늘어나고 있습니다.

무엇이 잘못되었을까요? 무엇을 어떻게 해야 할까요?

물의 중요성을 생각하지 않고 마구 쓰고 버린 일을 반성해야 합니다. 돈 내고 사먹는 것이니까 마음대로 쓴다면 먹을 물조차 비싼 값을 주지 않으면 사지 못하는 지경이 될 것입니다. 20년 전에 설마 설마 했던 물을 사먹는 일이 현실이 되었는데 앞으로 20년 후에 그런 일이 벌어지지 않으리란 법도 없지요.

물 오염을 최소화하기 위해 할 수 있는 일을 찾아야 합니다. 내 안의 더러움을 씻어내면 그 더러움이 전체에 퍼져 오염될 것은 뻔한 일. 쌀뜨물을 활용해 가정용 생활하수를 정화해서 버리는 일, 미나리나 부레옥잠을 심어 생활하수를 정화시킨 후 개천으로 흘러가게 하는 일은 아주 작지만 손쉽게 실천할 수 있는 가정행동지침입니다. 빗물 받아 허드렛물로 쓰고, 세제, 샴푸, 기름 성분은 가급적 안 쓰고 안 버리는 게 좋습니다. 물을 아껴 쓰고 깨끗이 쓰는 지혜를 집 형편에 맞게 찾아보는 것이 가장 먼저 할 일이지요.

물처럼 평화롭게, 물 흐르듯 살라고들 합니다. 웬만한 내공 없이는 힘든 일이지요. 흐르는 물을 가만히 들여다보면 참 평화롭습니다. 위에서부터 밀어주는 물이 있어야 아랫물이 아래로 아래로 흐르지요. 위아래 자기 역할을 끊임없이 반복하는 물의 질서. 아랫물이 잘 흘러주어야 윗물도 그 길 따라 자유스럽게 흐른다는 그들만의 질서. 자신을 한없이 낮추어 낮은 곳으로 낮은 곳으로 흘러가는, 그래서 가장 낮은 바다에 도달하는 물의 질서, 그 질서를 사람도 닮으면 좋겠습니다.

물에도 감정이 있고 각기 다른 결정체가 있답니다. 좋은 소리 나직하게 들려주고 내 몸 안에 넣으면 그 물이 좋게 작용해 물처럼 자유롭게 살 수 있지 않을까요, 그렇지 않을까요?

10. 불은 아래에서 위로 흐른다

〈타워링〉이라는 영화를 아주 재미있게 본 기억이 있습니다. 그 영화에 등장하는 소방관은 불에도 '길'이 있다고 얘기합니다. 불이 살아 있고 길 따라 움직이니 그 길을 잡아야 한다는 것이지요. 그 얘기가 아주 흥미로웠습니다.

불길은 대체로 위로 가려는 성질이 있기 때문에 아궁이에 불을 지피면 위로 비스듬히 나 있는 고래를 따라 불이 잘 들어갑니다. 아궁이에 불을 지필 때면 이 불로 내 가족이 추위를 이기고 따뜻하게 보낼 수 있다는 생각에 정성을 다합니다. 그 불을 보고 있노라면 시간이 절로 가지요. 내 몸의 따뜻한 기운이 아궁이를 통해 방구들로 전해지는 듯합니다. 옛 어른들에게 자궁암이 잘 생기지 않았던 것은 아궁이에 불을 때면서 절로 아래쪽을 찜질했기 때문이라지요. 선조들은 참 과학적이었습니다. 무얼 하나 해도 몇 가지가 이롭게 이어지거든요.

인류에게 불을 가져다준 신은 프로메테우스였습니다. 자신의 통치 원칙을 무시하고 인간 편을 든 프로메테우스에게 노한 제우스는 인간의 모든 고통이 들어 있는 상자와 함께 판도라를 인간 세상으로 보냅니다. 결국 인간은 불을 얻은 대신 노화, 질병, 광기, 슬픔 같은 모든 고통을 얻게 되지요. 그리고 아직 상자에 남아 있던 '희망'도 얻었습니다. 프로메테우스는 카프카스 산의 높은 절벽에서 두 마리의 독수리에게 매일 간을 먹히는 형벌을 받습니다. 인간에게 빛을 가져다준 프로메테우스는 혁명가의 원형입니다. 절대자에게 반역하고 자신의 의지대로 움직였기 때문이지요.

불은 인류 최대의 발명이라고 합니다. 성냥이 없던 시절엔 불을 켜기 위해 부싯돌을 부딪치며 무진 애를 먹었겠지요. 또 한번 붙인 불이 꺼지지 않도록 얼마나 애지중지했을까요.

불이 발명되고 먹을거리에도 혁신이 일어났습니다. 구워 먹고 익혀 먹고 튀겨 먹는 이른바 화식이 생겨난 것이지요. 씹기에 알맞도록 부드럽게 만들 줄 알게 된 거죠. 그래서 먹는 즐거움, 씹는 즐거움도 생겨난 것일 테구요.

정월대보름에 소원을 적은 소지(燒紙)를 걸고 달집태우기를 해본 사람은 잘 알겠지요. 하늘 높이 솟구쳐오르는 달집의 불기둥. 그 불기둥이 하늘에 꼭 소원을 전할 것만 같지요. 타닥타닥, 활활 불이 내는 소리는 왜 그리 요란할까요.

캠핑 가서 모닥불을 피워놓고 둘러앉으면 왠지 모르는 동질감에 모두 하나가 됩니다. 불을 앞에 놓고 둘러앉아 서로 발그스름하게 익은 볼을 보며 다정한 웃음을 교환합니다. 불은 모두 하나가 되게 합니다. 불 속에 다 녹여냅니다. 불은 모든 걸 포용합니다. 모두 녹여냅니다. 그 안에 들어가면 천지간에 느낌이 없을 듯합니다. 무로 돌아가는 불, 모든 걸 재로 돌아가게 하는 불기둥.

불은 열정입니다. 열정이 없으면 사람은 살아도 병든 닭처럼 움츠러듭니다. 열정을 담은 불은 생기가 넘칩니다.

불은 이렇듯 따뜻함을 전염시키는 능력을 가졌습니다. 옆 사람에게 온기를 전하는 것, 추운 이웃에게 손을 내미는 것 모두 불의 온기 덕분입니다.

하지만 불은 조심해서 다루어야 합니다. 치솟는 성질이 대단하여 걷잡을 수 없을 정도가 되면 누구도 화마를 이길 수 없습니다. 불같은 성질, 이건 스스로가 다잡아야지요. 누가 잡아주는 것이 아니라구요.

곁에 있어 따뜻하고 고마운 불, 암흑천지에서 새어 나오는 한줄기 불빛을 만나면 "이젠 살았구나" 하고 안도의 숨을 쉬게 됩니다.

촛불 행진은 불확실하고 어두운 시대에 큰 희망이었습니다. 촛불을 켰다는 것, 어둡게 내버려두지 않겠다는 의지의 표징이었습니다. 촛불은 어둠을 물리치고 밝음을 지키겠다는 시대정신이었습니다. 어둡고 가야 할 길을 잘 모를 때 어둠 속에는 항상 촛불 하나 켜두는 사람 있을 것입니다.

고맙고 반가운 불, 사람이라면 마땅히 가슴속에 항상 어둠을 밝히는 불 하나 켜두어야겠습니다.

11. 지상 최대의 황금기, 꽃

　인간의 영혼을 맑게 해주는 꽃, 이 땅에 피는 꽃은 모두 영혼의 눈으로 바라보아야 합니다. 왜 저리 소담스럽게, 탐스럽게, 고고하게, 소박하게, 함빡 피어오르는 걸까요. 꽃은 피어 무엇을 전하려는 걸까요. 그저 피지 않아도 될 것을, 그저 한세상 소박하게 줄기로만, 잎으로만 살다가 가도 될 것을.
　꽃은 생명의 잉태입니다. 식물에게 꽃은 자식을 낳기 위해 임신한 어머니의 모습입니다. 얼마나 숭고한 모습인가요. 식물에게 한 떨기 꽃은 세상에 자신의 흔적을 남기는 지고지순한 행위입니다. 그 지고지순한 행위를 어찌 맑은 영혼의 눈으로 바라보지 않을 수 있을까요.

눈 속에서 피는 꽃도 있고 진흙 속에서 피는 꽃도 있습니다. 처한 상황이 아무리 힘들어도 계획되어 있는 그들만의 질서대로 때가 되면 꽃을 피우고 때가 되면 스러져갈 줄 아는 것이죠.

잎보다 먼저 꽃이 나오는 경우는 드뭅니다. 거의 대부분 자신을 온통 초록의 잎으로 채색하여 햇살을 마음껏 받은 후에야 가장 화려한 자신만의 고유한 색깔로 꽃을 피어 올립니다. 몽우리마다 어찌 저리 고운 색깔을 머금고 있었을까 싶을 정도의 환상의 색으로 자신을 변화시키는 모습을 보면 꼭 새침데기 새댁이 짓는 샐쭉한 표정 같습니다.

꽃을 피운 시기가 그 식물에게는 최고의 황금기라고 할 수 있습니다. 지상에서 뽐낼 수 있는 최고의 모습으로 자신을 치장하고 마지막으로 자손을 퍼뜨린 뒤에 스러져갑니다. 사람들은 인생의 황금기, 인생의 꽃을 피우라고 덕담을 하기도 하지요. 굴절이 있고 성장이 있으면 누구나 지난 세월의 그림자를 담아 자신만의 꽃을 피웁니다. 가장 화려한 색, 가장 고유한 색으로 채색합니다. 그리고 사람도 스러져가지요.

새봄에 피는 꽃은 대부분 노랗습니다. 겨울이 지나고 잔눈이 남아 있을 때는 먼 곳에서도 눈에 띄기 쉬운 노란색이어야 벌과 나비에게 쉽게 드러납니다. 꽃이 많이 피는 봄은 벌과 나비의 번식기이기도 해서 서로에게 아주 알맞은 환경입니다. 눈이 녹은 뒤에는 모든 꽃이 붉은 색입니다. 연두색 새싹이 올라오면 꽃 색깔은 연한 분홍에 가깝습니다. 초여름이 되면 산야가 온통 푸르기 때문에 꽃은 거의 흰색입니다. 다른 색의 여름꽃이 피어 있다면 외래종으로 봐도 틀리지 않습니다. 늦가을에는 다시 노란색 꽃이 핍니다. 꽃은 벌·나비와 공생하면서 가을 늦도록 꽃을 피웁니다. 꽃들은 그저 공짜로 벌과 곤충에 기대어 살지는 않습니다. 벌과 나비에게 꿀을 내주고 자신에게 필요한 것을 얻지요.

꽃은 스러지면서, 잉태한 자식들을 세상에 내놓습니다. 자신의 분신들이지요. 꽃 한 송이에 달린 열매와 씨앗의 숫자가 얼마나 많은지요. 예쁘다고 꺾어가는 사람, 뽑아가는 사람이 하도 많으니 자손만대 자신의 유전자를 지키려면 숫자로 승부를 걸어야 하지 않았겠어요.

쇠뜨기나 고사리 같은 식물은 꽃 대신 홀씨로 번식하지만 대부분 식물은 꽃을 피웁니다. 자세히 보아야 알 수 있는 꽃도 있고 금방 피었다가 스러지는 꽃도 있지요. 벼도 꽃을 피웁니다. 수많은 벼 이삭이 모두 꽃을 피운다고 생각해보세요. 벼 이삭 하나의 껍질이 반으로 벌어지고 수술이 위로 올라옵니다. 암술은 보일 듯 말 듯 껍질 속에 있습니다. 수술이 밖으로 나와 하나하나 천천히 늘어집니다. 수술이 늘어지면 벌어졌던 껍질이 닫힙니다. 벼꽃은 두 시간 정도 피었다가 집니다. 쌀 한 톨 한 톨은 암술이 꽃가루를 만나 수정을 해서 만들어집니다. 한 톨 한 톨이 모두 살아 있는 생명체이지요.

다들 이 땅에 오느라고 얼마나 고생했을까요. 이 꽃을 피우려고 그렇게 먼 길 달려와준 걸까요. 단 며칠 이 화려한 자태를 보이려고 바람을 타고 추위도 마다 않고 달려와준 걸까요.

지천에 무시로 피고 지는 꽃들의 잔치를 보고 있으면 꼭 잔칫상 앞에 앉은 주인공이 된 것 같지요. 피고 지고, 피고 지고, 나만을 위한 잔치가 거의 매일 벌어집니다. 이렇듯 헤아릴 수도 없는 하객이 저마다의 손짓 발짓으로 화려한 춤을 추고 있는데 그것을 보는 사람은 매일매일 맑고 투명한 영혼의 눈으로 바라봐야 하지 않을까요.

12

누가 뀌었나, 공기 흐리는 냄새 지독한 방귀

    생명 있는 모든 것은 일분일초도 쉬지 않고 숨을 쉽니다. 숨 속에 들어 있는 것은 세상의 공기입니다. 매일 먹는 밥보다 더 소중한 생명줄이 바로 공기입니다.

    사람이 숨을 참는다고 해도 겨우 1~2분 정도일 것. 낮에도, 밤에도, 잠자면서도 숨을 쉬며 공기를 마십니다. 고맙게도 저 하얀 공간 안에 무한대로 가득한 공기를 마시며 사람은 하루를 삽니다. 살아 있는 모든 생명체가 그 공기를 나누어 마십니다.

    규칙적으로 숨을 쉬지 않으면 내 안의 모든 장기가 제 기능을 다하지 못하지요. 더 이상 공기를 절로 마실 수 없을 때 사람이든 다른 생물체든 삶을 마감합니다. 가만히 생각해보면 참 오묘하지요. 생명 있는 모든 것은 숨을 쉬어야 하고, 숨 쉴 수 있는 공기는 무한히 펼쳐 있고, 숨을 쉴 수 있으면 누구든 다 들이마실 수 있으니까요. 서로 다투지 않고도 넉넉한, 넘치는 양이 세상에 있으니까요.

공기 안에는 여러 가지가 있습니다. 마실 수 있는 것도 있고, 마시면 독이 되는 것도 있지요. 깨끗한 무균 상태의 산소만 들이마시는 중환자처럼 아무 공기나 마시면 안 되는 사람도 있습니다. 그만큼 세상에는 오염된 나쁜 공기가 많아졌습니다.

조물주가 세상을 만들 때는 나쁜 공기까지 만들어 세상에 뿌려 놓지는 않았을 거예요. 시골에 가면, 숲에 가면, 산에 가면 마시는 공기의 질이 벌써 다르잖아요. 살면서, 문명을 알면서, 필요한 것·편리한 것을 자꾸 만들면서 사람이 자기 좋은 것만 찾으면서 세상의 공기를 그만큼 혼탁하게 했기 때문이지요. 자동차에서, 공장에서, 가정에서 연료를 때면서 나오는 나쁜 오염물질들이 맑은 세상에 섞여 들어가 공기를 오염시키고 세상을 흐리게 했기 때문이지요.

그러니 맑은 공기는 무한대로 그저 주어지는 것이 아니라는 게 되지요. 네 명이 타고 가는 자동차 안에서 누군가 방귀를 뀌면 차 안 공기가 나빠지잖아요. "누가 공기를 흐렸어?" 하고 다투기도 하구요. 일정한 공간 안에서 여럿이 마시는 공기일진대 냄새나는 방귀를 자꾸 뀌면 세상 공기는 또 어떻게 되겠어요.

복잡한 세상이 되었습니다. 문명학자나 사회학자는 이 시대가 발전했다, 첨단사회가 되었다, 인간 지식이 대단히 발전했다고 할지 모르지만 공기에 한해서는 아닙니다. 퇴보의 역사요, 오염의 역사입니다. 사람에게는 혼탁해진 공기를 깨끗이 정화하는 능력이 없습니다. 나무를 아무리 심어도, 심은 나무보다 더 많은 나무가 사라지고 심은 면적보다 더 많은 면적이 사막으로 변하고 있습니다.

마시는 공기뿐 아니라 사회의 공기, 인간사의 공기를 흐리는 사람도 있습니다. 가라앉은 진흙 펄에 미꾸라지 한 마리가 나타나면 금세 흙탕물이 되고 맙니다. 이리 뛰고 저리 뛰고 가라앉은 진흙이 맑은 물속에 또 금세 퍼져나가 물속이 보이지 않습니다. 맑고 밝고 투명하게 살려는 사람이 천지인데 흙탕물을 일으켜 세상의 공기를 지독하게 흐려놓는 사람도 있습니다. 자신의 생각이, 자신의 앞가림이 최고라고 천방지축으로 지독한 냄새의 방귀를 뀌어대는 사람들, 보신만 일삼는 정치꾼들을 얘기하는 것입니다. 나쁜 방귀를 많이 뀌는 사람은 방귀 냄새 가득한 방에 1시간만 집어넣어 그들 때문에 우리가 받는 고통을 느끼게 해주어야 할 것 같아요.

소박하고 힘차게 사는 사람들, 이웃에게 따뜻한 손길 내미는 사람들은 맑은 공기를 마실 자격이 있는 사람들입니다. 그들이 세상을 향해 내뿜는 산소가 더없이 맑고 투명하고 에너지가 가득하기 때문입니다.

13. 내일은 또 내일의 햇빛이

어김없이 아침이 되면 붉은 태양이 떠오릅니다. 태양을 똑바로 바라볼 수 있는 사람은 없습니다. 똑바로 바라봤다가는 눈이 멀고 말지요. 태양은 항상 어렵게, 힘들게, 가리고 보아야 할 위엄을 지니고 있습니다. 꼼짝 않고 그 자리에 앉아 무한히 빛을 내려주고 있는 지구 은하의 왕입니다.

지구가 태양 주위를 비스듬히 돌며 가까이에서 혹은 멀리서 햇빛을 받기 때문에 여름과 겨울이 생기지요. 거리상으로는 엄청날 텐데 참 신기하게도 계절에 따라 춥고 덥기를 반복하지요.

지구에서 1광년(빛이 초속 30만km의 속도로 1년 동안 이동할 수 있는 거리)이나 떨어져 있는 태양. 그 먼 거리를 매일 아침 달려와주는 햇빛. 하루의 절반은 틀림없이 찾아와 내 발밑과 우리 동네를 비춥니다. 변함없이 그 약속을 1년 내내 시간을 조금 줄이거나 늘리면서 지킵니다. 햇빛이 하루라도 없다면, 하루 종일 암흑이라면 지구는 난리가 날 겁니다. 잠시 정전이 되어도 난리가 나는데 말이지요.

빛은 생명입니다. 살아 있는 모든 생명체의 생명을 좌우합니다.

빛은 희망입니다. 어둠을 뚫고 삼라만상의 분별을 알려줍니다.

빛은 평등입니다. 지구의 어느 빈자리 없이 골고루 빛을 나눠줍니다.

식물의 주식(主食) 중 하나가 바로 햇빛입니다. 햇빛을 먹고 광합성 작용을 해야 식물이 자랄 수 있지요. 식물이 자라야 사람은 또 식물이 주는 산소를 마시구요.

사람도 햇빛을 받아야 살 수 있습니다. 햇빛이 있어야 서로 알아볼 수 있고, 꽃의 색깔이 노랗다는 것도 알 수 있습니다. 빨래를 말리는 것도, 벼를 말리는 것도 모두 햇빛이 있어야 할 수 있습니다. 땅을 소독하는 것도, 나쁜 곰팡이를 죽이는 것도 모두 햇빛이 하는 일입니다. 햇빛을 한동안 못 보면 사람도 누렇게 뜹니다. 햇빛을 자주 보며 사람 몸도 소독을 해야 건강하게 살 수 있지요.

언 땅을 녹이는 것도 햇빛이고, 지상의 물을 수증기로 빨아올려 비가 내릴 수 있게 하는 것도 햇빛입니다. 시골 어르신들은 추운 날 따뜻한 곳에 모여 햇빛 바라기를 하시며 얘기꽃을 피웁니다. 햇빛은 이제 노인네만 남은 시골 어르신들의 친구입니다.

오존층 파괴로 직사광선을 오래 받으면 피부암 발병률이 높아진다는 보고도 있습니다. 햇볕에 검게 탄 피부가 건강해 보인다고 억지로 수영장에서 피부를 태우는 사람들은 좀 자제해야 할 듯합니다. 들판에서 노동하면서 자연스럽게 타는 건강한 검은 피부와는 차원이 다르지요.

석유 고갈의 문제가 불거지면서 태양 에너지를 이용하려는 움직임도 활발해지고 있습니다. 참 가상한 일이지요. 햇빛을 모아 발전을 해서 가정에서 전기로 이용하는 것이지요. 일반 가정에서도 지붕을 이용해 손쉽게 할 수 있으면 좋겠습니다.

태양에 흑점이 많이 늘어나고 있다지요. 오존층은 환경에 무신경한 사람들이 무분별하게 프레온 가스 등으로 구멍을 뚫은 것이니 달게 받아야겠지만 태양에 이상이 생기면 어떻게 해야 하나요? 평등의 햇빛이 골고루 오지 못하면 누가 제일 빛을 적게 받을까요. 밝은 곳, 햇빛 가까운 곳으로 가고 있는 사람들은 걱정하지 않아도 됩니다. 찔리는 사람들은 잘 알 테지요.

그리스 신화에 이카로스가 나옵니다. 이카로스는 밀랍으로 만든 날개를 달고 하늘을 날다가, 더 높이 날고 싶은 욕심에 아버지 다이달로스의 경고를 무시하고 너무 높이 난 나머지 태양 가까이까지 가서 날개가 녹아 떨어져 죽습니다. 그래서 이카로스를 무모한 사람의 전형으로 여기지요.

겁 없이 태양 가까이 가는 사람, 태양을 마주 보거나 오래 보는 사람, 햇빛 안 올까봐 걱정하는 사람은 없겠지요.

14. 저 별은 어느 행성에서 온 걸까요?

"저 별은 나의 별, 저 별은 너의 별······."

우린 저 하늘의 어떤 별일까요. 당신은 어느 별에서 와서 이렇듯 사람의 애를 태우는 걸까요. 사람은 누구나 저 하늘의 별입니다. 광활한 우주를 외롭게 바라보는 별.

죽으면 또 우린 어느 별로 갈까요. 저 별 하나하나에 천사들이 산다면 마음씨 착한 천사들만 지구로 불러내리고 싶습니다.

무수히 쏟아지는 별을 보면, 저 은하계의 끝간데없는 광활한 세계가 궁금해집니다. 인간의 과학으로도 잘 모르는 저 세계가 궁금합니다. 하늘에는 지상의 사람보다 더 많은 별이 떠 있다고 합니다. 우리가 맑은 날 공기 좋은 곳에서 눈으로 볼 수 있는 밤하늘 별은 2천

개 정도라고 하지만 사실은 몇 억, 몇 조 개가 넘는 별이 있다고 과학자들은 말합니다. 눈에 보이지 않는 뭇별들이 더 많다는 거지요.

어슴푸레 반짝이는 저 별과 내가 서 있는 이곳은 얼마나 떨어져 있는 걸까요. 은하계는 얼마나 넓기에 아직 그 존재와 실체조차 제대로 파악하지 못하는 걸까요? 태양계 같은 크기의 소은하가 은하계에는 헤아릴 수 없이 많다고 하니 우린 또 얼마나 작은 존재일까요. 개미 보고 작다고 하지만 저 별에서 본다면 지구는, 또 사람은 얼마나 티끌 같은 존재일까요?

지금 내가 바라보는 저 별빛은 지금 나와 똑같은 시간대의 별빛이 아닙니다. 만약 별과의 거리가 1광년 떨어져 있다면 1년 전에 별에서 쏜 빛을 내가 지금 보고 있는 것이지요. 태양과 지구 사이가 1광년이니 어림잡아 별과 지구는 그보다는 몇 배 더 떨어져 있는 것이지요. 어떤 별빛은 몇 백 년, 몇 천 년이 걸려 우리 눈에 도착한 것입니다. 참 신기하지요. 언제나 별을 바라볼 때는 과거를 바라보는 것이니까요.

가물가물한 빛이지만 저 별빛의 에너지도 지구에 영향을 미칩니다. 식물들은 주로 밤에 성장하는데 별빛의 에너지를 받은 땅속 돌과 자갈의 영향을 뿌리가 받아 식물이 자랍니다. 땅속의 기운은 별빛이나 먼 행성의 기운을 받은 것이라지요. 천문을 보는 사람들은 별의 크기, 밝기, 방향으로 날씨를 점치고 길흉을 점치기도 하지요.

북극성, 북두칠성, 페가수스, 곰자리…… 하늘의 별자리를 두고 사람들은 여러 가지 이야기를 만들어냅니다. 신화에 나오는 신들이 별자리에 올라가기도 하지요. 거문고자리는 그리스신화의 최고 음악가인 오르페우스가 아버지 아폴론에게서 선물로 받은 하프 모양이지요. 오르페우스가 사랑하는 아내 에우리디케를 잃고 그 슬픔으로 방황하다 숨졌을 때, 그의 음악에 감동한 제우스가 이 하프를 하늘에 올려 별자리로 만들었다지요. 처녀자리는 땅의 여신인 데메테르의 딸 페르세포네가 왼손에 보리 이삭을 들고 있는 모습입니다. 이 별자리의 알파별은 봄철 남쪽 하늘에서 가장 밝게 빛나는 별입니다. 페가수스는 신화에 등장하는 천마 페가수스의 모습을 하고 있습니다. 이 별자리 중심 부분에 해당하는 페가수스 사각형은 가을철의 대표적인 길잡이별이지요. 이렇듯 하늘의 별자리에는 다 이름이 있고 이야기가 있습니다.

너무 멀리 떨어져 있어 인간의 셈법으로는 그 거리조차 가늠하기 힘들지만 별은 옛날부터 계속 지구에 신호를 보내고 있는지 모릅니다. 지구 생물의 생명력에 기여하면서 가련한 지구를 끝없이 돕고 있는지도 모릅니다. 또 지구의 미래를 내다보고 저렇듯 푸른 지구가 푸른 기운을 잃어가는 게 안타까워 발을 동동 구르고 있는지도 모릅니다.

별의 신비는 언제쯤 밝혀질까요. 언제쯤 가볼 수 있을까요. 살아

생전 소식이나 들을 수 있을까요? 내 마음의 별, 저 하늘 내 별에게 간곡히 청해봅니다. 얼마만큼 떨어져 사는지 한 귀퉁이라도 좀 보여 달라고.

15. 비를 맞으며 하루를 그냥 보내요

비가 내리면 괜히 마음이 울적하고 우수에 젖습니다. 추적추적 길이 젖고 나무도 꽃도 사람도 젖습니다. 비가 오는 풍경이 그리 밝은 풍경이 아니라서 그런가요. 비가 오면 왠지 잔잔한 음악을 들으며 혼자 사색에 잠겨도 좋을 듯하지요. 아니면 우산 하나 들고 연인끼리 낙엽 깔린 길을 다정히 걸어도 운치 있겠구요.

비를 흠뻑 맞아본 적 있나요? 온몸에 세찬 소낙비를 맞으면 그렇게 후련할 수 없습니다. 뭔가 속에 맺혀 있던 게 다 쓸려 내려가는 기분이지요. 비 오는 날, 그냥 마당에 달려 나가 비를 맞으면 됩니다. 한번 통쾌함을 느껴보세요.

비가 내리기까지의 긴 여정을 따라가보면 신비함에 사로잡힙니다. 저 하늘에서 이 땅으로, 이 땅에서 저 바다로, 다시 저 하늘로. 지금 떨어지는 빗방울과 만나게 되는 깊은 인연은 아무래도 예사 인연이 아니지요. 지구를 한 바퀴 이상씩 돌아서 만나는 것이니 말이지요.

지구 생물에게 비는 자양분입니다. 사람에게는 마실 물과 농사용 물을 주며 움직일 수 없는 식물들에겐 다양한 성분이 녹아 있는 에너지 가득한 양분이 됩니다. 비가 온 다음 날, 식물들은 더욱 초롱하고 나무들은 활기차며 농작물은 쑥 커 있습니다. 식물들은 이 비를 뿌리에 간직했다가 우리가 먹을 물로 다시 조금씩 흘려주기도 하지요.

비가 오지 않으면 식물은 말라 죽고 땅이 갈라지고 밭에 농작물도 시들시들하고 농부의 마음도 갈라집니다. 밤새도록 지하수를 퍼서 시든 작물에 조금씩 부어주지만 다음 날 살짝 내린 비만 못합니다. 오랜 가뭄 끝에 내린 비를 단비라고 하지요. 농부들은 '약비'라고 합니다. 작물에겐 보약 같은 비라는 거지요.

불은 타고 남은 뼈대나 재라도 남기지만, 장마철에 큰비가 오거나 태풍과 함께 장대비가 내리고나면 세상에 남는 건 하나도 없습니다. 비가 제일 겁나는 건 하나도 안 남기고 싹 쓸어가기 때문입니다. 추적추적 내리는 비도 무서울 때는 한없이 무섭답니다.

날씨가 좀 흐리면 새들은 금방 비가 올 걸 알고는 다들 제 집으로 들어갑니다. 그리고 조금 후엔 어김없이 비가 내립니다. 뭔가 바람이 전해주는 걸 듣나봐요. 개미는 감각이 민감하기 때문에 비가 올 것을 예감하고 미리 풀숲으로 이동합니다. 따라서 습한 날에는 개미가 한 줄로 열심히 다니는데 이것은 알을 보호하기 위해 물이 스미지 않는 보금자리로 옮겨가는 것입니다. 개미가 줄을 지어 지나가면 비가 온다는군요. 할머니들은 말짱한 날에도 "비올 거 같다, 빨래 걷어라" 하시죠. 비 올 때쯤이면 바로 관절이 더 쑤시고 아파오기 때문이지요. 인간 기상예보가 더 정확할 때가 많아요.

비가 내리는 날 지렁이들을 자주 만날 수 있는데, 그 녀석들이 비를 너무 좋아해서 밖으로 나온 것은 아니랍니다. 지렁이의 피부는 건조해지기 쉬워서 비가 오기 전과 같은 습한 날에만 밖으로 나올 수 있기 때문입니다. 비가 온 다음 날이면 지렁이가 많이 죽어 있지요. 지렁이는 피부로 호흡을 하는데, 비가 올 때는 땅속에 물이 가득 차서 피부로 호흡하기가 곤란해 숨막히니까 밖으로 나왔다가 못 들어가고 죽는 거라는군요.

요즘에는 장마철에는 비가 적고 장마가 끝난 뒤에 한꺼번에 많은 비가 내려 걱정입니다. 지구온난화 때문에 우리나라도 아열대 기후를 닮아가고 있다지요. 장마 지나 작물이 한창 자라고 있는데 비가 집중해서 오고, 건기에는 비가 없어 가뭄에 시달리는 것은 농사지을 수 있는 환경이 더 나빠지고 있다는 것을 의미합니다. 비가 없거나 비가 아주 많은 해, 한철 농사를 포기해야 하는 농부들도 늘어나고 있지요.

도시에서는 몸에 해롭다고 비를 직접 맞지말라고도 하지요. 나빠진 환경 탓에 비에도 공해 물질이 섞여 많이 오염되었다고 걱정하는 목소리가 큽니다. 대기오염 물질인 아황산가스와 산화질소는 대기의 수증기와 결합하면 산성 물질과 산성비로 만들어집니다. 인간에 의해 만들어진 산성비는 삼림과 야생 동물에게까지도 피해를 주며, 호수를 산성화시켜서 물고기와 다른 수중 생물을 죽게 합니다. 새의 식량인 곤충과 식물까지 산성비로 죽고말아 새의 수도 감소하고 있다고 합니다. 산성비 문제를 해결할 수 있는 가장 좋은 방법은 산성비를 유발하는 오염물질을 없애는 것입니다. 화석연료, 특히 황이 많이 들어 있는 석탄의 사용을 줄여야 합니다. 자동차 매연가스의 양을 줄이고, 대체 에너지를 사용하거나, 대중교통을 많이 이용해야 합니다.

비는 안 와도 걱정, 많이 와도 걱정. 치수를 잘하는 나라의 농민들이 한없이 부럽습니다. 사람도, 식물도 적당히 비 맞으며 쑥쑥 자라야 하는데 매년 때맞춰 비가 와주길 기원하는 건 비 때문에 농사 망쳐 우리 먹을 것 줄어들면 어쩌나 하는 걱정 때문입니다.

16. 사람들이 산을 찾는 이유는

산의 품은 그윽합니다. 넉넉합니다. 모두들 와서 내 품에 안기라고 말합니다. 여유 있는 모습으로 두 팔 벌리고 있는 산을 찾아 사람들은 매일 오르고 오르고 또 오릅니다. 오를 때의 힘듦은 정상에 섰을 때의 상쾌함을 생각하면 아무것도 아닙니다.

굽어보는 산 아래 성냥개비들처럼 꼬물대는 인간 동네. 야트막한 산들이 발아래 부채선처럼 펼쳐져 있는 모습은 후련하다 못해 희열까지 느끼게 합니다. 머릿속에 시원한 에너지가 마구 생겨나지요. 그래서 사람들이 산에 올라 산의 정기를 받으며 재충전을 하는지도 모릅니다.

죽을 각오를 하고 히말라야 같은 고산을 등반하는 산악대도 있습니다. 인간 의지와 도전 정신을 보여주는 것이지요. 그들의 발걸음은 쉬지 않을 것입니다. 산이 있는 한, 산이 부르고 도전 의식과 열정이 가만히 있지 못하게 하니까요.

산에는 산이 내뿜는 정기를 받아 마시는 많은 생물이 있습니다. 거대한 자연의 젖줄이 산입니다. 나무, 바위, 돌, 새, 동물, 풀, 이끼, 버섯, 곤충, 곡식…… 대자연의 축소판이 산입니다. 그 안에서 그들은 산이 주는 은혜를 입으며 먹이사슬을 형성해 생명을 이어나가고 있지요.

조용한 듯, 말 없는 듯하지만 하루에 일어나는 산 생물의 변화는 매우 능동적이고 활발합니다. 서로 도와주고, 먹고 먹히면서, 기대면서, 희생하면서 살아갑니다. 대단합니다. 자연의 신비를 다 꿰뚫어 볼 수 있는 눈을 가졌다면 얼마나 좋을까요. 이렇듯 역동적인 다큐멘터리가 없을 듯합니다.

산은 인간의 생명수인 물의 발원지이기도 합니다. 산에서 샘솟듯 나오는 최초의 샘물을 발원으로, 나무와 이끼와 돌이 머금은 빗물이 모여 냇물이 되고 강이 되고 바다로 흘러갑니다.

한반도 지도를 보면, 어딜 보아도 산맥으로 이어져 있습니다. 사는 동네만 둘러보아도 첩첩산입니다. 산맥은 꼭 우리 피가 흐르는 혈맥과도 같습니다. 끊어지고 동맥경화가 일어나면 사람이 살 수 없듯이, 산맥이 끊어지고 없어지면 우리의 생명줄을 놓치는 것입니다.

개발이다 도로를 놓는다 하면서 산을 무너뜨리고, 굴을 뚫는다 하면서 수천 년 역사를 간직한 산을 한순간에 마구 파헤치고 있습니다. 단 백 년도 못 사는 지금 이 시대 사람들이 수천 년 역사를 무너뜨릴 권리는 없습니다. 산이 무너지고 없어지면 그 재앙은 고스란히 인류가 받습니다. 생태계 파괴, 먹이사슬의 변이로 지금 나타나고 있는 전조들에서 경각심을 얻지 못하는 사람은 너무 무지한 사람입니다. 무책임한 사람입니다.

산은 말이 없지만 다 지켜보고 있습니다. 산꼭대기 바위 틈에 우뚝 솟은 소나무가 다 기록하고 있습니다. 왜 저희 마음대로 높은 산을 깔아뭉개느냐고 일갈하고 있습니다.

산은 평화입니다. 인간 내면에 있는 평화의 감정을 드러나게 해줍니다. 사람 사이 따뜻한 인정의 샘물은 사실 평화의 감정에서 발원되는지도 모릅니다. 사계절 천천히 변화하는 산의 풍경을 바라봅니다. 공짜로 사람의 정서를 다독여주는 이 평화의 산에 손대는 사람은 우주 멀리 추방해야 마땅합니다.

말 못한다고, 가만히 있다고 그렇게들 하는 게 아닙니다. 지금 우리 산이 울고 있습니다.

17.
숲에서 들려오는 소리

 숲은 자연의 보물창고입니다. 숲에 들어가서 한눈에 볼 수 있는 면적 안에는 적어도 3천~5천 종의 생물이 살고 있다고 합니다. 그러니 숲 전체에는 엄청난 생물체들이 함께 살고 있는 것이지요. 그들은 그들의 질서대로 잘들 삽니다.
 숲의 생물들은 안전하게 종족 보존을 하려는 본능으로 똘똘 뭉쳐 있습니다. 민들레, 망초, 고들빼기, 씀바귀 들은 낙하산을 달아 바람에 의지해서 온 강산으로 날아갑니다. 도깨비바늘, 도꼬마리 같은 것들은 동물의 몸에 착 달라붙어 가고 싶은 곳까지 가서 씨앗을 퍼트립니다. 사과, 복숭아, 다래 같은 것은 과육에 씨앗을 섞어 새와 짐승에게 과육의 양분을 제공하고 그들의 장을 통과하여 종족을 전파합니다.

큰 나무 아래 작은 나무들은 어떻게 햇빛을 받아 광합성 작용을 할까요? 큰 나무에 가려 햇빛이 아래까지 안 들어오잖아요. 그런데 이 작은 나무들은 큰 나무에 기대어 삽니다. 큰 나무는 큰 나무대로 작은 나무를 업신여기지 않고 도와주지요. 큰 나무가 광합성 작용을 해서 만들어진 탄수화물은 진균류라는 버섯곰팡이 종류를 타고 작은 나무로 이동합니다. 그걸 양분으로 작은 나무가 살게 되지요. 숲 밑바닥에 사는 작은 식물들 중엔 큰 나무 뿌리에 달라붙어 기생하는 것들도 있답니다.

"조금 줘봐, 배고파."

"그래 알았어, 기다려."

나무들이 서로 나누는 대화를 들을 수 있겠지요. 알고보면 숲에 사는 식물들은 서로 대화하면서 아주 재미있게 살고 있지요. 적이 나타나면 힘을 합치기도 하고 물리치기 위해 속임수를 쓰기도 하고 독소를 내뿜기도 하면서 말이지요. 영리하거나 영악하진 않지만 나름의 생존 질서는 다 있기 마련인가봐요.

숲길을 걸을 때는 가벼운 옷차림이 좋습니다. 가벼운 마음으로 걸으면 더욱 좋습니다. 전나무나 편백나무 숲길을 걸으면 온몸이 상쾌해집니다. 숲이 내뿜는 향기가 그렇게 향기로울 수가 없습니다. 세상 어떤 것과도 바꿀 수 없는 천연향이지요. 나무들은 외부의 적으로부터 자신을 보호하기 위해 피톤치드라는 항균물질을 내놓는답니다. 그 피톤치드가 사람에게는 정신을 맑게 해주는 향기로 다가오지요. 그러니 숲에 들어가면 육체와 영혼이 맑아지는 것입니다.

숲은 우리에게 휴식을 줍니다. 숲속에 있으면 정서가 안정되고 별세계에 와 있는 듯합니다. 숲 명상으로 심신을 치료하는 사람들도 있지요. 숲이 가진 넉넉한 품 덕분입니다. 저마다 질서를 가진 악의 없는 생물체들이 순수한 향기를 매순간 내뿜고 있기 때문입니다.

그런데도 사람들은 그때뿐이고 시간이 지나면 또 인간 본연의 영악함과 이기심을 드러냅니다. 목재를 얻기 위해 숲을 파괴하고 개발을 위해 숲을 무너뜨리고 있습니다. 인간 삶에 꼭 필요한 보물들도 사라지고 있습니다. 보물의 가치를 제대로 모르고 번쩍이는 황금만 찾는 인간들의 편리주의가 다른 많은 심성 고운 사람들의 삶까지 위협하고 있습니다.

숲은 자연의 축소판입니다. 그 숲이 아파하고 있습니다. 숲을 망치는 사람들에겐 숲의 향기를 모아 집집으로 매일 배달하면 어떨까요. 그들도 언젠가는 악의 없는 순수한 마음을 갖게 되겠지요.

18. 물의 종착지, 바다

　물은 흘러 흘러 바다로 갑니다. 예정되어 있는 약속대로 여러 정거장을 거쳐 종착지인 바다로 갑니다. 물이 바다로 가지 않고 고여 있으면 썩게 됩니다. 바다는 지상에서 가장 낮은 자세로 그 어떤 것도 다 포용합니다. 그것이 냄새나는 것이든, 더러운 것이든.

　바다의 깊이는, 바닷물의 양은 얼마나 될까요? 얼마나 더 담을 수 있는 그릇일까요? 인간의 눈으로는 바다의 심오한 깊이를 알지 못합니다. 바다에 비하면 아주 작은 세포 덩어리인 인간은 그 광활한 바다의 넓이를 알지 못합니다.

　평화로운 바닷가에 서면 마음도 차분히 가라앉습니다. 무엇을 위해 쉼 없이 달려왔는지 되돌아보게 합니다. 무엇을 위해 또 달려가야 하는지 정리하게 해줍니다. 옹졸하게 살지 말고 너른 가슴으로 살아가라고 바다는 말합니다.

개울의 물 색깔이 무색이었다가 바다에 와서 푸른빛이 되는 것은 자연의 고유한 색이 푸른색이기 때문입니다. 시작점에 서 있는 물이 태초의 색깔로 채비해 다시 태어나기 위해 갖춘 색깔입니다. 진짜냐구요? 사실 바다의 색깔은 광선이 물속 작은 미립자에 의해 흐트러지기 때문에 생깁니다. 붉은색, 노란색은 바닷물에 흡수되어 버리고 파란색만 더 깊은 데까지 투과되는데, 이것이 미립자에 의해 흐트러져 우리 눈에는 파란 바다로 보이게 되는 것이지요. 만일 파란색도 흐트러지지 않고 바닷물에 흡수되는 경우에는 검은 빛깔의 바다로 나타납니다. 먼바다의 물은 대체로 파란색이며, 열대 지방과 아열대 지방 연안의 바닷물은 초록색을 띠고 있지요. 식물성 플랑크톤은 바닷물 색을 갈색 또는 적갈색으로 만들기도 합니다. 바닷물 색은 항상 변하는데, 구름이 태양 빛을 차단하기도 하고 태양 광선이 대기 중에서 분산되어버리기 때문이랍니다.

바다 안에는 엄청난 자연의 생물체가 살고 있습니다. 워낙 많아서 짐작만 하는 것도 있습니다. 지금까지 알려진 37가지 동물문 가운데 28개가 바다에 살고 있습니다. 이 중 14개는 바다 고유의 동물문입니다. 해양 생물 세계는 앞으로 찾아야 할 자연의 비밀들이 엄청나게 많이 숨어 있다는 것을 말해줍니다.

바닷물을 걸러 분석하고 해저 침전물 조사가 가능해지면서 해양 생물종의 크기가 대부분 아주 미세하다는 것을 발견했습니다. 이들 중에 어떤 것은 육지 식물처럼 태양 에너지를 기본 영양 분자로 변환시킨다는 것도 알아냈습니다. 아직도 헤아릴 수 없이 많은 생물종들이 사람들에게 발견되기를 기다리고 있는 중입니다. 그래서 다른 나라들은 바다를 이용하고 바다에서 자원을 찾는 작업에 많은 돈을 들이는지도 모릅니다.

하지만 요즘 바다도 심한 몸살을 앓고 있습니다. 적조 때문입니다. 가축 분뇨와 농경지에 뿌려진 화학비료, 산업체 공장과 자동차 배기가스에서 나온 질소, 숲을 개간할 때나 불이 났을 때 발생하는 질소가 바람을 타고 바다로 이동해서 바다가 질소로 오염되면 조류(藻類)가 폭발적으로 증가합니다. 독성을 띤 조류로 나타나는 적조는 물고기를 폐사시키는 것은 물론이고 바다 생물 생태계를 바꿀 수 있을 뿐 아니라 사람에게도 독성을 미칩니다. 적조 현상이 일어나면 바다는 붉은색이나 갈색, 녹색으로 변합니다. 바닷물 색이 변해서 빛이 수생 식물에게까지 미치지 못하게 되면 먹이사슬 전체에 변화가 오고 물속 산소가 고갈되어버립니다. 대합, 굴, 홍합 같은 양식 어류에도 독성이 축적되어 강력한 신경독소가 그것을 먹은 사람을 위험에 빠뜨리기도 하지요. 적조가 요즘 자주 발생하는 것은 바로 육지 인간에게 문제가 있다는 것을 의미합니다.

어부에게 바다는 농부의 땅과 마찬가지입니다. 잡을 수 있는 물고기의 양은 점점 줄어들고, 자주 적조에 시달리지만 어부는 매일 바다로 나가 고기를 잡습니다. 염전의 어부는 바닷물을 이용해 소금을 캐냅니다. 발전소와 대규모 공장은 바닷물을 이용합니다. 한여름 더위를 식히기 위해 사람들은 바다에 뛰어들어 해수욕을 즐깁니다. 파도를 타며 여가를 즐깁니다. 바다를 마음껏 이용해도 바다는 그저 웃고 있습니다. 저런 마음은 어떻게 생기는 걸까요?

마르지 않은 바다가, 그 너른 바다가 옆에 있어 얼마나 좋은가요. 바다 가까이 사는 사람들은 참 좋겠어요. 바다의 평화를 가슴에 안고 살고 있으니까요. 적조 없는 평화로운 바다를 매일 바라볼 수 있다면 얼마나 좋을까요?

19. 새는 무슨 수다거리가 그리 많은지

시골의 아침은 시끄러워서 잠을 잘 수가 없습니다. 아직 날이 밝지 않았어도 새들은 창가 가까이 날아와 수다를 떱니다. 무슨 얘깃거리가 그리 많을까요. 아침부터 짝을 찾는 소리일까요, 밤새 일어난 소식을 전해주는 뉴스 시간일까요. 아침에 참새가 나뭇가지에서 짹짹거리면 20분 후쯤 어김없이 해가 뜨지요.

새는 종류도 참 많습니다. 매우 아름다운 깃털을 가진 근사한 새가 있는 반면에 아주 소박하고 수수한 새도 있지요. 근엄하고 우아하게 나는 새가 있는가 하면 경박하게 날아다니는 새도 있습니다. 하늘 높이 단번에 올라가는 새도 있고 땅에서 구구거리며 걸어 다니는 새도 있답니다.

새들은 자신들만의 특별한 서식지를 좋아합니다. 텃새들이 많지요. 텃새가 심하다는 것은 자신의 구역에 대한 집착이 강하기 때문에 생긴 말이지요. 어떤 새는 나무 꼭대기를 좋아하고, 어떤 새는 옆으로 뻗어 있는 나뭇잎 우거진 곳을 좋아하고, 키 작은 관목이나 풀밭을 선호하는 새들도 있지요. 서식하는 새 종류가 다양한 것은 그 부근 생태계에 그들이 살 수 있도록 해주는 생물종이 다양하다는 것이지요. 시끄럽고 잠을 잘 수 없다고 새들을 쫓을 일이 아니지요.

맹금류가 많이 사라진 요즘, 생태계 먹이사슬이 잘못되었는지 식물성 먹이를 찾는 새들이 부쩍 늘었습니다. 농부와 새들의 전쟁은 이 때문입니다. 다 키운 열매를 새들에게 빼앗기거나 싹에서부터 모조리 새들에게 도둑맞는 것들도 있으니까요. 총소리, 호랑이 소리, 아무리 큰 폭발음을 내질러도 영리한 새들은 처음 며칠만 오지 않을 뿐, 곧 그 소리에 익숙해져 아랑곳 않고 달려듭니다. 콩은 세 알을 심어 새에게 한 알, 땅속 동물에게 한 알, 사람에게 한 알 나눈다는 얘기는 옛말입니다. 가만 두면 콩 세 알 모두 새들이 다 가져가니까요.

하지만 새들은 나무나 식물의 해충을 잡아먹기도 합니다. 농작물에 해를 끼치는 벌레들도 잡아먹으니 농부들이 화만 낼 일은 아니군요. 식물이 바다 건너에 있는 섬까지 씨앗을 퍼뜨릴 수 있는 것도 새의 도움 덕분입니다. 새가 먹은 식물의 씨앗이 새의 배설물을 통해 바다 건너 섬까지 이동할 수 있었던 것이지요.

새들은 해마다 둥지를 짓습니다. 이끼나 깃털, 풀, 넝쿨, 풀뿌리, 풀줄기, 진흙을 입으로 한 입 한 입 모아다 집을 짓습니다. 크고 호화스런 집이 아니라 자기 가족이 들어가면 딱 맞는 크기의 집을 짓고 알을 낳습니다.

깃털도 제대로 다듬어지지 않은 털북숭이 새끼에게 어미 새는 벌써 나는 법을 가르칩니다. 저만치 날아보이곤 새끼로 하여금 날기를 격려하는 어미 새. 곧이어 먹이 잡는 법을 가르칩니다. 풀잎 사이로 지렁이 굴을 찾아내는 방법을 가르치기 위해 고개를 까닥이며 앞서가는 어미 새의 뒤를 열심히 쫓아가는 새끼새. 수컷들은 아비 새에게 노래하는 법도 배웁니다. 그래야 커서 암컷들을 유혹할 수 있지요. 다른 지역으로 이사 가면 그 지방 사투리를 배워 타향 생활에 적응하기도 한다지요.

새가 새끼에게 먹이를 날라다 먹이는 장면은 또 얼마나 숭고한지요. 먹이를 먹기 좋게 나누고 그것을 씹어서 순서대로 먹입니다. 물고 오는 사이에 얼마나 먹고 싶을까요. 그렇게 새끼에게 정성을 다해도 새들은 새끼가 자라 자립할 정도가 되면 자립 훈련을 시킨 뒤에 자기 생활권을 물려주지 않고 멀리 쫓아냅니다. 나이 들어서까지 부모에게 기대어 사는 사람들이나 자식을 애지중지하는 부모들은 새들의 자립심에서 배울 것이 무척 많습니다.

아침을 알리는 새, 자연계에서 자신의 역할을 톡톡히 하면서 자식에게 늘 자립심을 강조하는 새들이 사람들에게 얘기합니다. 걷거나 뛰는 주제에, 날지도 못하는 주제에 왜 그리 지구를 오염시키고 있냐구요.

20. 달님의 시중은 달맞이꽃이

    7월 말이나 8월 초쯤이면 산천에 노란 달맞이꽃이 핍니다. 부끄러움 많은 노란 달맞이꽃이 까치발로 도로턱을 넘어 햇살을 맞으며 달빛을 기다립니다. 저녁에 활짝 피어 달님의 시중을 들고는 아침이면 시들지요.

    달에 사람이 가보고 나서야 달에는 토끼가 없다는 것을 알았습니다. 그런데 달을 쳐다보면 꼭 달 어디선가는 토끼가 방아를 찧고 있을 것만 같습니다. 아니, 있어주어야 할 것 같습니다. 그래야 달이 제 모습을 갖춘 것이라는 생각이 드니 말이지요.

    달은 왜 지구 주위만 돌까요. 달과 지구는 어찌 맺어진 인연일까요. 달은 항상 지구와 함께 돌면서 지구를 환히 비추고 있습니다.

밤하늘을 밝히는 달은 지구의 소중한 친구입니다. 어두운 밤과 거리, 그리고 사람의 마음을 매일 밤 달래주고 있으니 말이죠. 어두운 곳에 손을 내밀어주는 것은 얼마나 따뜻한 온정인가요.

달은 환한 곳에서 보면 잘 드러나지 않습니다. 빛이 없는 시골에서 보면 달은 너무나 밝고 크고 투명합니다. 교교한 초승달은 미인의 눈썹 같다고 합니다. 초승달 외로이 떠 있는 밤이면 조금 싱숭생숭합니다. 옆에 사람이 있으면 술 한잔 하고 싶은 밤을 만들어주지요. 초승달과 그믐달은 초저녁에 잠깐 떴다가 지거나 새벽에 나타나기도 합니다. 그러니 때를 알고 잘 보아야 한답니다.

옛 농서인『산림경제』에 보면 보름을 기준으로 과일나무나 곡식을 심으라는 얘기가 나옵니다. 과일나무는 보름 전에 심으면 열매가 많이 달리고 보름 후에 심으면 적게 달린다는 것이지요. 나무나 곡식은 대체로 달이 차오를 때 심는 것이 좋다고 합니다. 달이 차오르는 기운을 받고 새롭게 태어나라는 의미겠지요. 그러나 뿌리를 먹는 식물인 무, 고구마, 감자는 달이 기울 때 심어야 좋답니다. 기우는 기운으로 땅속 깊이 뿌리가 들어가 커진다는 거지요.

사람도 그렇듯이 식물도 밤에 많이 자랍니다. 가로등 불빛도 없이 어두워야 자랄 수 있는 것입니다. 그야말로 달빛을 먹고 자라는 것이지요. 논에 물꼬를 보러 갔다가 휘영청 밝은 보름달이 벼 포기 사이에 그대로 스며드는 느낌을 받은 적이 있습니다. 말 그대로 벼가 달빛을 먹고 있었지요. 말로 표현할 수 없는 환상적인 감동이었습니다.

옛 어른들은 달을 소중히 여겼습니다. 달의 에너지가 틀림없이 지구에도 영향을 미친다고 생각했을 것입니다. 농사 시작을 알리는 신호도 정월대보름에 달집태우기를 하면서 달님에게 제일 먼저 보냅니다. 조상들은 자연을 알고자 했고, 천지운행을 기록해 달력을 만들어서 농사에 활용했지요. 그 지혜에 한없이 고개가 숙여집니다.

대보름날 강강술래를 하면서 놀던 어릴 적 기억이 새롭네요. 옆집 여학생 손을 처음 잡고 빙글빙글 돌면서 마을 사람들과 한마음이 되었던 때, 달님이 얼굴 빨갛게 변한 소년 소녀를 위해 구름 속으로 살짝 숨어주었지요.

21. 진주보다 더 고운 아침 이슬처럼

　아침 이슬, 영롱하고 투명한 결정체. 모두가 잠들어 있을 때 살포시 땅 위로 내려와, 목마른 생명들의 목을 축여줍니다.
　티끌만한 이슬 입자들이 날리면 꼭 분유 가루 같습니다. 그러니 목을 빼고 그 이슬이라는 젖줄을 기다리는 식물들이 많지요. 작은 입자들이 쌓여 식물 잎에 닿으면 밤새 목 탄 식물이 입술을 한없이 적십니다.
　아침이 맑고 요란한 것은 아침 이슬 때문입니다. 식물은 오감을 열어 이슬을 맞고 새들도 아침 이슬 한 모금 먹고 재잘재잘 수다를 떱니다. 지구 생물체에게 이슬이 이처럼 중요한 것은 갈증을 해소해 줄 뿐 아니라 비가 없을 때는 곧 생명줄이 되기 때문입니다. 가장 수분이 필요할 때 비가 없으면 식물은 곧바로 시들어 말라 죽고맙니다. 그러나 이슬은 매일 아침 찾아와 가장 물이 필요할 때 아주 조금씩, 체하지 않도록 목을 축여주는 것입니다. 목마른 자에게 물 한 잔. 이보다 더 고귀하고 배려하는 정신은 없습니다.

이슬은 주로 일교차가 심한 겨울에 많이 생깁니다. 공기 중에 있던 수증기가 액체가 되는 온도 이하로 내려가면 수증기가 응결되어서 작은 물방울이 됩니다. 풀잎 같은 곳에 물방울이 맺혀 있는 것이 이슬이지요. 야간의 복사냉각에 의해 기온이 이슬점 이하로 내려갈 때 생기지요. 만약 이슬점 온도가 어는점 이하가 될 때는 서리가 맺히게 됩니다. 수증기가 많이 증발되는 호수나 하천 부근에서 이슬이 잘 맺힙니다. 기온 차이가 심하면 이슬의 양도 많습니다. 식물은 이 고마운 이슬을 먹고 삽니다. 특히 사막 지방 등에서는 식물의 생육에 큰 역할을 하지요.

아침 이슬은 해가 뜨면 물러날 줄도 압니다. 햇살이 아침 이슬을 먹으러 온다고 하지요. 이슬은 오랫동안 머무르면서 자신이 준 것을 기억해달라고 하지 않습니다. 슬그머니 자리를 떠나 자신이 준 것을 잊어버리는 것입니다. 사람들은 항상 자신이 준 것은 오래 기억하고, 남이 나에게 준 것은 금방 잊어버리잖아요. 그래서 항상 섭섭하고 사람에 대해 상처를 입었다고 하잖아요. 이슬처럼 남이 나에게 준 것을 크게 생각하고 내가 남에게 준 것은 잊는다면 남에게 상처받는 일은 아마 없을 거예요. 항상 고마우니까요. 자신이 가진 것을 그대로 다 줄 줄 아는 것이 이슬입니다. 감추고 남기고 하는 법이 없지요.

    이슬처럼 마냥 베풀고 남김없이 남에게 주면 자신이 얻는 것이 더 많다고 합니다. 곧 남에게 주는 사람이 더 많은 시대가 된다고 하지요. 자기 것만 고집해서 너무 많은 상처를 입었나봐요, 사람들이.

22. 동물 중에 인간이 가장 하등 동물

현재 지구상에 인간과 경쟁할 수 있는 생물종은 달리 없습니다. 인간이 사육하는 소 같은 가축만이 전체 몸무게를 비교해봤을 때 인간과 우열을 겨룰 수 있을 뿐이라고 합니다. 현재 지구에 사는 사람의 숫자는 60억 정도. 150년 전에 비해 약 5배나 증가했습니다. 더군다나 인간 개개인 모두가 더 높은 수준의 삶을 바라면서도 환경에 대한 인식은 낮아서, 인간 한 명이 환경에 미치는 영향도 크게 증가했다고 합니다. 그래서 150년 전과 비교해 자연에 가하는 공격이 20배 이상 늘었다고 보는 사람도 있습니다.

현대 생물학에서 사용하는 분류 체계상 문의 전체 개수는 96개. 96개의 서로 다른 형태를 가진 생물군이 지구에 살고 있습니다. 인간이 속한 척추동물아문은 두개골의 보호를 받는 뇌와 거기에 연결된 척추라는 기본 구조를 갖고 있습니다. 개미나 지렁이 같은 무척추동물도 있고요.

동물도 지구를 위해 많은 역할을 합니다. 식물의 씨앗을 모으고 퍼뜨리고 심는 일꾼은 새, 다람쥐 같은 동물입니다. 동물의 똥이나 시체는 일정한 탄소를 배출하기는 하지만 미생물의 도움을 받아 지구 흙을 살리는 데 기여를 합니다. 벌, 나비 같은 많은 곤충들은 인간이 먹는 농작물의 수정에 큰일을 합니다. 비록 애벌레들이 어린잎을 갉아먹긴 하지만요. 심지어 개미는 나무까지 심습니다. 개미들은 풀씨나 나무 씨앗을 물고 자기 집으로 들인 뒤 지방질이 풍부한 부위만 먹고 씨 부분은 다치지 않게 집 밖 쓰레기장에 뿌려놓습니다. 그 씨들이 쓰레기장의 영양분을 통해 성장하는 것이지요. 그럼 다시 그 식물의 분신이 태어나는 것이구요.

인간이 자신들을 위해 기르는 소, 돼지, 닭 같은 동물들은 단백질 공급원으로 희생되기도 하지요. 그럼 인간은 자연 생태계를 위해 무엇을 할까요? 살아서는 지구 한 귀퉁이를 더럽히기 위해 온갖 노력을 다하고 죽어서야 비로소 흙의 거름으로 돌아갈 뿐입니다.

동물 세계에서 수컷들은 암컷보다 한결 더 곱고 아름답습니다. 수컷들은 허구한 날 서로 암컷을 차지하기 위해 힘겨루기를 합니다. 다른 수컷과 경쟁해서 이겨야만 암컷과 교미할 기회를 얻지요. 동물들이 살아가는 최고의 목적은 먹이 사냥과 종족 보존이 아닐까요. 그러나 모든 것엔 그들 나름의 질서가 있습니다. 또 동물들은 자연에 해를 입히거나 누가 되는 행동들은 본능적으로 하지 않지요.

대부분의 동물은 태어날 때부터 자신이 먹을 수 있는 것이 정해져 있습니다. 그 외의 것들은 먹지 않지요. 초식 동물은 풀만 먹고 사자나 호랑이는 고기만 먹지요. 동물성과 식물성을 동시에 먹는 잡식성 동물도 있구요. 사람이 그런 경우입니다. 진화를 거치면서 동물의 신체 구조와 행동은 먹을거리를 구하려는 요구에 따라 변해왔습니다. 인간에게도 처음엔 고기보다 식물이 훨씬 중요한 식량원이었을 겁니다. 수렵·채집의 생활 자체가 그러했으니까요. 다른 동물들과 경쟁하면서 먹을거리를 구하다보니, 잡식성인 인간이 숲에서 나와 그때부터 숲을 이용하고 숲을 해치게 되었던 것이 아닐까요?

사람이 다른 동물보다 나은 점은 무엇일까요? 가장 도덕적인 동물이고 머리가 좋은 동물이라고 하지만 최근 150년 동안 전지구를 독성 물질 가득한 곳으로 만들고 있는 것을 보면 과연 생물계의 고등 동물로 인정해야 할지 의문입니다. 개구리, 뱀과 같이 지구를 깨끗이 쓰는 동물보다 나은 게 하나도 없기에 하는 말입니다. 자신과 자기 자손들의 미래는 아예 없다고 단정하고 사는 것이 사람이라는 생각이 들기 때문입니다.

축복의 땅에서 일어나는 일

"눈앞에 있는 나무 한 그루, 풀 한 포기를 신이라고 믿고 자연이 가는 대로, 자연의 섭리를 따라서 살기만 하면 된다. 길가에 핀 꽃과 펄럭이는 나비, 나비를 쫓아가는 강아지와 함께 뛰어놀고, 새들의 노래와 합창하며, 잠자리가 나는 것처럼 날기만 하면 된다. 이 세상의 모든 자연이 신이라는 것을 알면 모든 인간의 고뇌는 풀린다. 완전자인 신의 손에 모든 것을 맡기면 그만이다. 사람들은 지금 이 길을 택해야 한다."

_후쿠오카 마사노부

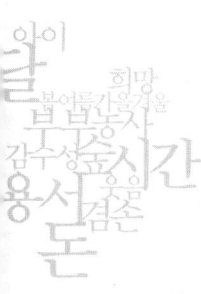

사계절을 사는 사람들은 사계절이 있어 변화무쌍한 자연의 다양함을 맛보고 산다는 것을 잘 모릅니다. 농부들은 계절이 바뀐 것을 제일 먼저 알아차립니다. 계절에 맞게, 때맞춰 농사일을 먼저 준비해야 하기 때문입니다. 씨앗 한 톨이 수백 배로 진화해 우리가 먹는 식탁에 올라옵니다. 그 연결고리에는 알지 못하는 수많은 자연 생물체의 도움과 헌신이 있습니다. 씨앗은 씨앗대로, 새싹은 새싹대로, 열매는 열매대로 열심히 자신의 길을 갈 뿐, 농부는 그저 밭에서 심부름만 합니다. 우린 밭에서 일어나는 일들을 얼마나 알까요. 생명의 양식을 거둬들이는 일은 축복받은 계절, 축복받은 땅이 있기 때문에 가능한 일입니다.

23. 논만 바라봐도 배가 불러요

　황금물결 출렁이는 벼는 바라만 봐도 배가 불러옵니다. 벼 알곡이 출렁이고 누렇게 변해야 논은 제 모습이 살아납니다. 그렇게 보기 좋을 수가 없습니다. 벼 한 톨이 수백 개의 알곡으로 새끼를 쳐서 바람에 출렁입니다. 한 톨 한 톨이 귀중하지 않을 수 없습니다.
　예부터 조상들은 쌀농사를 지으면 제일 먼저 선조에게 바치며 감사하고 기뻐하는 마음을 표시했습니다. 하늘과 땅과 인간의 합작품이 바로 쌀이었으며, 대자연이 보여주는 생명력의 표현이 바로 쌀이었던 것입니다. 단순한 식량 가치를 넘어 인간 정신을 말해주는 결과물이었던 것이죠.
　논에는 수많은 생물이 살고 있습니다. 풀, 곤충, 미생물……. 생물이 가득한 논이라야 생명이 가득한 쌀을 만들 수 있지요. 그런 쌀이 우리 몸에 들어와야 우린 힘과 생명을 얻을 수 있습니다.

밤에 논으로 나가보면 반딧불이가 지천에 날아 꼭 영화의 한 장면 같습니다. 손으로 툭 치면 잡을 수 있을 정도니까요. 둠벙에서는 미꾸라지·물방개·새뱅이가 마음껏 뛰어놀구요, 논에서는 실지렁이·깔따구·거머리·물달팽이·투구새우·소금쟁이·거미·물벼룩·하루살이나 반딧불이의 유충을 찾을 수 있습니다. 또 수많은 식물의 보금자리이기도 하지요. 여뀌, 엉겅퀴, 자운영, 방동사니…… 셀 수도 없지요. 생물의 다양성이 그대로 살아 있는 논은 식량 창고이기 전에 이미 자연사 박물관입니다.

논의 공익적인 역할을 한번 볼까요. 가장 중요한 기능은 인간이 먹는 주곡(主穀)을 생산하는 것입니다. 논은 담수 기능으로 홍수 조절까지 하고 있지요. 전국의 수많은 논이 가둬놓은 물의 양을 계산해보세요. 어마어마한 양이 되겠지요. 비가 오는 동안 그 물을 가두지 않고 흘려보낸다면 홍수가 나고 말겠지요. 우리나라나 일본이 비가 많은 몬순 기후 지역에 속하면서도 유럽이나 아메리카처럼 큰 강이 없는 이유 중 하나가 많은 논이 있어서 이 논에 물을 가둘 수 있기 때문입니다. 만약 이 물을 가둘 댐을 만든다면 엄청난 돈과 자연파괴가 눈에 보이지요.

논은 토양침식방지 기능도 합니다. 다랑논은 산의 급경사면을 흐르는 지표수를 가두어 땅속으로 흘러들어가게 하는 저수지 역할을 합니다. 논은 온도를 완화하고 잡초를 억제하는 기능이 있습니다. 그리고 논은 끝없이 그 자리에 벼를 심어도 되는, 연작(連作)에 견디는 희귀한 기능이 있습니다. 물이 흙을 정화하기 때문이지요. 또 논은 아름다운 경관으로 자연과 조화를 이루고 생태계를 지키는 기능이 있습니다.

같은 면적의 땅에서 가장 많은 생명 에너지를 생산하는 대표적 작물이 바로 쌀입니다. 우리 민족이 이 땅에서 고유한 문화를 갖고 살아온 중요한 토대는 바로 쌀농사에 있었습니다. 지금도 쌀농사는 우리 농민 소득의 절반 이상을 차지하고 있지요.

이렇듯 중요한 논을 홀대하고 놀리고 있습니다. 쌀 수입 개방으로 쌀값은 폭락하고 논농사를 포기하는 농민도 늘어나고 있습니다. 식량자급률이 30% 아래로 내려가 주권국가로서의 자격마저 잃은 지 오래인데 말이지요. 논의 공익적 기능을 살려 우리 먹을거리인 쌀만큼은 우리 손으로 지키고 먹도록 해야 합니다. 그래야 우리 민족에게 유유히 내려온 그 쌀 문화의 정신을 살릴 수 있습니다.

지금은 대부분 많은 양의 제초제를 사용해서 쌀농사를 짓습니다. 하지만 월남전 때 고엽제 피해에서 볼 수 있듯이 제초제를 사용하는 것은 생태계를 교란시키고 환경을 죽이는 일이며 또한 우리의 생명을 죽이는 일입니다. 쌀 한 가마를 만들기 위해서는 논 70평이 있어야 합니다. 만약 한 가정에서 제초제를 뿌리지 않은 무농약 쌀 한 가마를 사면 논 70평을 살리는 셈입니다.

　우리 논을 지키는 일은 농민과 도시 소비자가 함께 해야 할 일입니다. 농민들이 아무리 무농약 쌀농사를 짓는다고 해도 도시 소비자가 외면한다면 농사를 계속 지을 수가 없기 때문이지요. 농민은 무농약 쌀을 생산해서 도시 사람들에게 건강한 먹을거리와 깨끗한 환경을 제공하고, 도시 사람들은 그 쌀을 사서 먹음으로써 농민이 계속 무농약 농사를 지어 우리 후손들에게 깨끗한 자연환경을 물려줄 수 있도록 해야 합니다. 우리 땅에서 난 건강한 쌀로 식탁을 안전하고 풍성하게 하는 일, 농촌을 살리고 땅을 살리고 환경을 살리는 일입니다.

　자연환경이 살아 있고 생물의 다양성이 그대로 살아 있는 논. 가을에는 논마다 벼 알곡이 누렇게 출렁이며 춤추고 있어야 합니다. 언제까지나.

24. 저 들은 알고 있을까

들판에서는 봄부터 가을까지 쉼 없는 변화가 일어나고 있습니다. 새싹이 나고, 싹이 돋아 잎이 나고, 꽃을 피워 열매를 맺고, 나비와 벌이 다가와 씨앗을 퍼뜨리고, 그 씨앗 덕분에 또 사람이 살고, 이러저러한 변화가 끝없이 일어납니다.

인간의 생명 창고인 들, 들판은 한시도 쉬지 않고 일을 합니다. 셀 수 없는 농작물이 들판에서 자랍니다. 씨앗 하나가 흙 속에 들어가 물과 공기와 햇빛의 도움을 받아 싹을 틔워 양분을 먹으며 자랍니다. 그리고 씨앗 하나가 수십 배, 수백 배, 수천 배로 늘어나 열매를 맺고 그 열매를, 꽃을, 잎을, 씨앗을 사람이 먹는 것이지요.

언 땅이 녹고 봄이 되면 농부들은 어김없이 밭으로 나갑니다. 밭이 부르는 소리를 듣습니다. 겨우내 긴 휴식을 한 들판도 고른 숨을 내쉬며 새로운 생명을 품을 준비를 합니다. 농부들이 밭을 가는 작업은 엄숙합니다. 소로 갈든, 경운기나 트랙터로 갈든 이 작업은 농사 잘되게 해달라고 기도하는 심정으로 첫 삽을 대는 것입니다. 잠에서 깬 지렁이, 두더지, 땅강아지들도 밭을 갑니다. 이 녀석들이 이쪽저쪽 먹이를 찾아 땅속을 헤치고 다니면 기계로 밭을 간 것보다 더 정교하고 땅심도 살아납니다.

이랑을 만들고 씨앗을 심고 빈 들이 하나하나 농작물로 채워져 나갈 땐 꼭 색실로 한 뜸 한 뜸 수를 놓은 것 같습니다. 예술적인 등고선이 이곳저곳에서 나타납니다. 이때쯤에는 새들과 한판 전쟁도 치릅니다. 새싹을 좋아하는 새들이 한 잎만 먹고 가는 게 아니라 밭 전체를 모조리 해치우기도 하기 때문입니다. 동트기 전부터 들에 나가 새를 쫓는 농부가 새들에게 적당히 나눠 먹자고 매일 호소하지만 잘 통하지 않습니다.

파릇파릇 새싹이 돋고 들이 빼곡히 채워지면 이젠 약동하는 들이 됩니다. 생명의 풀무질을 쉼 없이 하게 되지요. 이땐 온통 땅속, 땅 위 생물들이 고동을 치며 달려듭니다. 작물들은 하루가 다르게 커가고 들판은 빠르게 변합니다. 산도 푸르고 들판도 푸르고 이때만큼 역동적인 시간은 없습니다. 온갖 벌과 나비가 찾아와 수정을 시키고, 가지를 벌고 꽃과 열매를 답니다. 농부의 근심도 많아집니다.

비가 때맞춰 오는지 일기를 살피고 벌레와 병은 없는지 잘 살펴야 합니다.

이윽고 수확기를 맞아 들판은 또 부산해집니다. 농부의 손길도 바빠지고 어린이의 손까지도 빌려야 합니다. 알곡만 거두고 나머지는 다시 밭으로 돌려줍니다. 이제 내년엔 또 다른 작물을 이 밭에 심을 것입니다. 농부들 중에는 한 땅에 계속 같은 작물을 심지 않고 돌려가면서 심으며 윤작을 하는 농부도 있습니다. 땅을 살리기 위해서지요.

수확이 끝난 들은 좀 황량합니다. 역시 들판은 생명이 약동하는 소리가 마구 들려야 살아 있는 것 같습니다. 수확이 끝난 들판은 다시 내년 농사를 기약하며 긴 휴식에 들어갑니다. 농부도, 들판의 수많은 일꾼들도 긴 겨울잠에 들어갑니다.

내년에도 농부들은 계속 이 들판에 나와 농사를 지을 수 있을까요? 농사지어 먹고 살 수 없으니 농부들은 들을 떠나고, 농부들이 떠나버려 빈 들은 늘어가고 있는데, 저 들은 변함없이 넘치게 먹을거리를 생산할 수 있을까요? 저 빈 들은 알고 있을까요?

25. 당신이 떠나버리면 누가 시골을 지킬까요

"꼬끼오~!"

닭 울음소리가 유난히 맑고 요란한 곳. 닭 울음소리와 함께 농촌의 아침이 열립니다. 닭보다 먼저 일어나 아침을 여는 농부들, 경운기 소리, 짹짹 수다 떠는 새들, 파릇파릇한 식물들, 어디에서도 맡을 수 없는 신선한 공기, 서서히 햇살이 떠오르면 이슬 맺힌 자리마다 작은 오색 무지개가 뜨는 곳, 공기 맑고 아직은 인심이 살아 있는 시골입니다. 동네 마이크에서는 이장님이 딸을 결혼시킨 집에서 음식을 해왔다고 모두들 마을회관으로 모이라는 방송을 합니다.

천천히 걸어가는 할아버지와 그 뒤를 보따리 들고 뒤따라가는 할머니, 5일장에 가는 걸음입니다. 시골 장날 풍경에는 정감이 묻어납니다. 조금만 가다보면 다 아는 사람들입니다. 서로 인사하기에 바쁩니다.

자식들은 다 도회지로 떠나고 자식처럼 돌보는 농작물들이 이젠 시골 노인네들의 벗입니다. 소일 삼아, 안 할 수 없어서 밭일을 합니다. 어쩌다 도회지 자식들 돌아오면 밭에서 기른 손때 가득한 농작물을 바리바리 차에 가득 실어줍니다. 느릿느릿 시골의 속도로 몸을 움직이며 봄이 되면 어김없이 밭을 가는 농부들.

매일 새롭게 피어나는 풀과 꽃, 자연 풍경은 메마르게 변해가는 도시민에겐 한줄기 소나기와 같습니다. 그걸 감상하는 몫은 자신의 마음입니다. 울어대는 새들, 꽃들, 나무들, 공기…… 그리고 시골 사람들.

잃어버리고 있었던 고향입니다. 언제나 생각하면 푸근한 고향, 어머니가 계신 곳, 바로 시골입니다. 혹 잊고 있다가 어쩌다 생각나는 곳, 그렇지만 생각하면 뭔가 뭉클하게 가슴을 데워오는 곳, 바로 시골입니다.

내가 매일 먹고 있는 음식, 바로 시골에서 나옵니다. 내가 매일 마시고 있는 이 공기, 바로 시골의 맑은 공기가 날아오는 것입니다. 내 안에 아직 남은 따뜻하고 훈훈한 인정, 바로 시골에서 불어오는 바람결에 실린 정이 이어진 것입니다.

지금 시골은 할아버지, 할머니들의 거대한 양로원 같습니다. 개들만 짖어대고, 버려져서 산이 되는 밭도 늘어나고 있습니다. 이혼 가정이 늘다보니 헤어진 남편, 아내 쪽에서 기르지 못하는 아이들을 시골 할머니한테 맡기는 도시 사람들도 많아졌습니다. 때 아니게 아이들 소리도 늘어났습니다.

    너무 앞만 보고 내달린 나머지 시골에는 이렇듯 노인네와 아이들만 남았습니다. 버려지고 소외되는 지역으로 남았습니다. 누가 시골을 지킬까요. 시골이 없어지면 내 안의 따뜻한 인정은 어디에서 나올까요. 혼자 남은 할머니, 할아버지들은 어디로 갈까요. 매일 도회지로 불어가는 맑은 공기, 이제 더 맡지 못할 수도 있습니다. 시골이 없어지면, 시골이 무너지면.

26. 농부가 사라지면 밥상은 누가 지키나요?

우리는 흙으로부터 와서 흙으로 가는 존재입니다. 우리가 먹는 쌀은 궁극적으로는 흙에서 옵니다. 사람이 그 쌀을 먹고 똥을 싸면 그 똥이 흙으로 갑니다. 사람은 곧 자연의 한 부분이며, 근본적으로 자연과 인간은 하나입니다. 이런 대전제 위에서 모든 자연 사물을 대한다면, 결국 파괴된 환경을 회복하는 것은 내가 바로 서고 내 정신, 가치관, 마음을 깨끗하게 하는 것을 의미합니다. 그 제일 첫머리에 농부가 있습니다.

전국에 농민 숫자가 250만 명, 해마다 30만 명이 줄어들고 있다지요. 머지않아 농사짓는 사람이 없어진다면 과연 건강한 먹을거리는 어디에서 구할 수 있을까요?

지구에 살고 있는 인간 중에서 가장 중요한 소임을 맡고 있는 사람이 농부입니다. 농부는 우주의 설계자입니다. 그런데 그건 농부를 가장 하층민으로 여기는 것이 현실입니다. 사람들은 농부가 되면 인생의 가장 막다른 곳에 이른 것이라고 생각합니다. 일거리 없어, 집이 없어 도시 부랑자로 떠돌지언정 시골 농부로 살려고 하지 않습니다. 돈도 되지 않는 농사에, 힘든 농사 노역, 아무도 알아주지 않는 천민 계층, 이런 생각들이 있기 때문입니다.

새벽 4시 반에 일어나 식전 일을 하고, 8시쯤 늦은 아침을 먹고 오전 일을 합니다. 1시쯤 땀을 많이 흘려 깔깔한 입맛으로 점심 한술 뜨고나서 오후 일을 시작합니다. 저녁 8시, 어둑어둑해서야 밭일 마치고 달빛 받으며 산길을 내려옵니다. 농기계 정리하고 씻고 늦은 저녁을 먹고 가족들과 잠시 어울리다가 스르르 잠이 듭니다. 하루에 열두세 시간을 일하고 대여섯 시간 잠을 잡니다.

아침에 일어날 수 있을까 하고 고된 몸을 누이지만 그래도 다행히 제시간에 눈이 떠집니다. 일철에는 항상 몸이 무겁습니다. 그래서 농부들은 고된 육체 고통을 잊으려고 새참으로 막걸리를 마십니다. 막걸리를 농주라고 하지요. 허기도 없애고 목마름도 없애고 힘도 나게 해줍니다. 일철에는 아플 사이도 없을뿐더러, 아파도 병원에 갈 시간이 없습니다. 다들 아파도 참고 참다가 비 오는 날이나 일철 끝난 한겨울이 되어야만 병원에 갑니다.

농부처럼 일하는 시간 적은 계층은 없다고 얘기하는 사람도 있는 모양입니다. 잘 모르고 하는 소리지요. 그저 겨울 한철은 논다고 생각하는 모양이지요. 수확하고 갈무리하면 11월 말, 12월에 잠시 충전 시간을 보냅니다. 1월부터는 영농교육을 받고, 작부계획을 짭니다. 장 담고 장아찌 담고 말린 나물로 반찬도 하다보면 어느새 고추 모종을 키워야 하는 시간이 됩니다. 그러니 이러저러한 농가살림에 들어가는 시간, 농산물 가공, 농사 준비 시간까지 치면 농부보다 일하는 시간이 많은 사람은 없을 듯합니다. 밭에 심어놓은 농작물은 일요일이라고, 국경일이라고 쉬라고 하지 않습니다.

그럼 일하는 시간, 노동 강도, 모든 것 따져 둘째가라면 서러운 농부들이 먹고 살 수 있을까요? 어림도 없습니다. 애들은 커가고 당장 내일 살 일 걱정해야 할 때도 있습니다. 농기계가 도입되면서 농사 면적은 늘어났지만 원자재 비용은 많이 들고 농산물 값은 20년 전이나 지금이나 비슷하니, 20년 전 고추 한 포대 들고 가서 술집에 내려놓고 술 마셨다는 마을 아저씨 얘기가 먼 화성 얘기 같군요.

석유값은 치솟고 농사일은 산더미 같지만 꼭 가야할 이 길, 내가 아는 이웃 밥상을 건강하게 지키는 이 일, 이 땅 한 귀퉁이 조금이라도 살렸다는 자부심, 농부의 신념이 있으니 그래도 이 뙤약볕을 견딥니다.

무엇을 먹을 것인가 고민만 하지 말고 이제 직접 팔 걷어붙이고 나서서 농사짓는 사람들과 인연의 끈을 맺는 일이 제일 먼저 할 일입니다. 어깨동무하면 안 될 일, 어려운 일이 무엇이겠어요. 풍성한 수확의 기쁨, 마음의 다리로 연결해 나누고 싶은 농부의 마음을 알아주는 사람이 제발 많이 늘어났으면 합니다. 직거래를 통해 내 이웃 농민을 만드는 것이 내 건강을 지키고 농업과 농촌을 살리는 첫 걸음이지요.

27.
우리 땅에서 농사지은 우리 농산물이 최고

　존엄한 대자연의 한 귀퉁이를 일궈 필요한 양식을 얻는 것이 농사입니다. 농사를 짓는다는 것은 자신의 노동으로 먹을거리를 만드는 것이지만 그것은 혼자만의 힘으로 가능한 것이 아닙니다. 흙과 물과 햇빛, 공기와 바람과 돌의 힘을 통해 자연과 조화를 이루어야 얻을 수 있습니다.

　자연 순환의 원리를 생각하면 스쳐 지나가는 바람 한 줌도 다 소중하지 않을 수 없습니다. 생태와 순환을 생각하는 농사, 모름지기 농사짓는 사람은 가장 밑바탕에 이런 생각이 있어야 합니다.

　농사 노역을 한번 해보면서 인간에게 주어진 우주 관리자로서의 역할을 체험해보는 것도 좋은 방법입니다. 농사를 짓는다는 것이 하늘과 땅과 인간을 연결해주는 매개자이자 관리자로서 농부에게 주어진 고유한 소명의 행위라는 것을 느끼게 해줍니다.

농사를 짓다보면 세상에서 제일 터무니없이 싼 게 농산물 값이라는 생각이 듭니다. 그동안 농사와 농촌이 붕괴되어온 건 농산물이 제값을 못 받아왔기 때문입니다. 이른바 근대화를 한답시고 농산물 가격을 억제하고, 공장과 도시의 노동력을 확보하기 위해 농촌에서 사람들을 빼가서 농촌이 비어가고 농사지을 사람이 없는 것입니다. 버려지는 땅이 늘어나는 것은 당연하구요.

오늘날 세계 다국적기업들은 식량 시장을 독점하고, 세계 식량 공급을 통제해 자신들의 배만 불리고 있습니다. 더군다나 식량을 무기 삼아 권력을 다지고 있습니다. 유전공학을 이용한 유전자변형식품(GMO)으로 자연 순환과 생태계 질서를 깨뜨립니다. 게다가 살충제, 제초제, 합성비료를 마구 사용해 농업의 실질 이익은 낮아지고 자연 파괴는 가속페달을 밟고 있습니다.

외국의 농산물이 먼 거리를 이동해서 우리나라로 오기까지 사용하는 화석연료는 어마어마한 양입니다. 채 익지 않은 과일을 썩지 않게 하기 위해 화학물질로 범벅을 하여 배나 트럭, 비행기 안에 싣습니다. 그것이 우리 동네로 오기까지 얼마나 많은 화석연료가 사용되어 공기를 오염시키고 지구온난화를 앞당기고 있는지 고민해봐야 합니다.

우리가 우리 땅에서 나는 우리 농산물을 먹어야 하는 이유는 참 많습니다. 생명다양성을 살리고, 생물의 다양성을 회복하며, 생물자원을 사유화하는 것을 막는 일이기도 합니다. 우리 땅의 우리 농산물은 오랫동안 우리 민족과 함께 조화를 이루어 우리 민족의 체질에 꼭 들어맞은 것입니다. 우리의 풍토와 기후에 순응하여 우리 입맛에 꼭 맞습니다.

음식물은 인간의 체질은 물론 성격 형성에도 많은 영향을 미칩니다. 착하고 정의로운 심성과 평화로운 정신은 우리 농산물로 지킬 수 있습니다. 우리 체질에 맞지 않는 수입 농산물을 먹으면 과거 우리나라 사람들에게는 없었던 여러 새로운 질병이 생기고, 성인병 인구가 증가합니다. 따라서 개인 의료비가 증가하는 것은 물론, 국민 의료비가 높아져 국가적으로도 큰 손실이 아닐 수 없습니다.

우리 고유 농산물의 품종을 지키며 반드시 우리 농산물을 먹는 것이 마땅합니다. 더군다나 어른들에게는 자라나는 청소년에게 반드시 우리 땅의 농산물로 만든 음식을 먹게 함으로써 그들의 건강을 지켜주어야 할 책임이 있습니다.

28. 씨앗 하나가 땅에 떨어져서

씨앗 하나가 땅에 떨어져서 흙 속으로 들어가 수십 개, 수천 개 자손으로 불어납니다. 그리고 그 열매와 그 씨앗으로 사람이 삽니다. 따지고보면 식물의 무한한 번식력으로 사람이 살고 있다고 해도 과언이 아닙니다. 싹을 길러내느라 속 빈 종자 고구마, 늙고 쭈그러들어 속은 텅 비고 볼품이 없지요. 이렇듯 씨앗은 자기 몸을 불살라 새 생명을 길러냅니다.

그 작은 유전자의 세계는 얼마나 질서 정연한가요? 어김없이 흙을 뚫고 올라오는 씨앗의 힘, 그 생명력 앞에 그저 고개를 숙입니다.

키니네, 설탕, 차, 면화, 감자 등 『역사를 바꾼 씨앗 5가지』를 쓴 헨리 홉하우스는 씨앗이 인류의 문명을 좌우한다고 썼습니다. 이 책에서는 한 알의 씨앗이 인류 역사를 어떻게 바꾸고 발전시켜왔는지를 상세하게 묘사하고 있습니다.

얼마 전까지만 해도 우리 조상들은 전해에 농사지은 것 중에서 실하고 좋은 것만 골라 갈무리해두었다가 씨앗으로 썼지요. '농사꾼은 굶어 죽어도 종자는 베고 죽는다'는 속담이 있듯이 종자는 농부들의 재산 1호이자, 희망이었습니다.

농부들은 농사에 필요한 씨앗을 수천 년 동안 개량해왔습니다. 농부들끼리 종자를 교환하고, 좋은 종자를 따로 가려냄으로써 오랜 세월에 걸쳐 좋은 품질을 가진 종자만을 선별해온 것입니다. 종자에는 농부들의 노력과 함께, 그 지역 고유의 자연환경과 문화가 녹아 있습니다. 그래서 농부를 종자의 육종가라고들 하지요.

이렇듯 소중한 토종씨앗이 사라지고 있습니다. 나이 드신 어른들이 하나둘 떠나시면서 그나마 농부들이 갖고 있던 토종씨앗들도 차츰 없어질 처지에 있습니다. 우리나라에서 자생해온 토종작물들은 전세계적으로 하나밖에 없는 우리의 고유한 생태·문화적 자산입니다. 따라서 토종이 사라진다는 것은 생태적 손실이며 문화적 손실이기도 합니다.

토종씨앗을 매년 갈무리하는 분들은 한결같이 옛 맛을 그리워하고 있었습니다. 그것은 이웃과 정이 돈독했던 옛날을 그리워하고 있는 것이기도 합니다. 물질과 화폐가 최고인 시대, 그분들은 자신의 밭에서 기른 토종 옥수수, 콩, 감자 따위를 키우면서 물질보다는 자신을 지키며 사는 것이 얼마나 중요한지 가르쳐주고 계셨습니다. 소박한 그들이 있기에 우린 우리의 자존심을 세우며 살 수 있었던 게지요. 토종을 실제로 자신의 농사에 활용하는 농민이 늘어나 종자주권을 찾아오는 일은 참 소중하고 귀한 일이 아닐 수 없습니다.

몇 년 전부터 우리나라 유명 종묘회사들이 줄줄이 외국자본으로 넘어갔습니다. 별 생각 없이 우리가 사다 쓰는 씨앗이 다국적 기업들의 배만 부르게 해주고 있습니다. 더군다나 몬산토 같은 다국적기업들은 유전자변형종자를 개발해 모든 씨앗에 대해 특허를 따내려는 획책을 꾸미고 있습니다. 유전자 변형으로 양분이 고갈된 땅을 되살리고 식량을 증산할 수 있다는 그들의 주장은 허구입니다. 어떤 증거도 없습니다.

종묘상에서 사다 심은 작물에서 씨앗을 받아 심어봐야 잘되지 않습니다. 자손이 번지지 못하게 종묘회사에서 종자를 개량하기 때문입니다. 이런 종자들은 특정한 회사에서 만든 살충제나 제초제에 강한 내성을 가지고 있습니다. 우린 그동안 '씨앗'에 대한 인식이 너무 없었습니다. 우리도 이젠 우리의 토종씨앗을 보호·육성하는 '씨앗 주권'에 눈떠야 합니다.

꽃 색깔이 아름답고 그 향기는 더욱 매혹적인, 우리나라가 원산지인 '수수꽃다리'가 미국에서는 '미스킴라일락'으로 불리고 있습니다. 해방 후 우리나라에 머물던 미국인이 수수꽃다리의 향기와 모양에 반해서 종자를 채종하여 미국에서 번식시키고 상업적으로 유통하면서 미스킴라일락이라고 명명했기 때문입니다. 그 미국인의 한국인 여비서가 미스 김이었기 때문에 미스킴라일락이라고 이름 붙였다는 것이지요. 잉거비비추라 불리는 홍도비비추도 마찬가지입니다. 외국산으로 둔갑되어 국제적으로 유통되면서, 우리가 도리어 비싼 로열티를 지불해야 하는 우리 식물은 이 외에도 많습니다.

우리나라에는 세계에 내놓아도 손색없는 토종씨앗이 많이 있습니다. 그러나 그 씨앗을 제대로 지키고 전수하는 사람을 보기 힘듭니다. 몇몇 의식 있는 농민들이 육종가를 자임하며 잡곡 중심으로 소규모로 지키고 있는 것이 전부입니다. 농가에서 농사를 지으며 그 지역에 강한 씨앗을 지키려는 노력이 토종지킴이의 기본입니다.

우리 생명과도 같은 씨앗. 씨앗은 누가 뭐래도 우리 땅에서, 우리 거름 속에서, 우리 바람을 맞으며 자란 것이어야 우리나라 사람에게도 더 큰 기운을 불어넣을 수 있습니다. 씨앗 속에 든 생명력, 모이면 지구를 들 수 있습니다.

29. 봄여름가을겨울이 매번 올까요?

매번 찾지 않아도 오는 계절, 계절의 거대한 톱니바퀴는 어김없습니다. 거의 제시간에 맞춰 와줍니다. 장기간 출타해서 못 오는 법이 없습니다. 새로운 계절이 곁에 찾아와주어 사람들은 단조로움에서 벗어나 사는 재미를 느끼는지도 모릅니다.

봄은 생명 창조의 계절, 축복의 계절입니다. 여름은 성숙의 계절, 열정의 계절이요, 가을은 수확의 계절, 결실의 계절입니다. 또 겨울은 생명 잉태의 계절, 휴식의 계절입니다.

우리나라처럼 사계절이 뚜렷한 나라도 없다고 합니다. 행복한 나라라는 거지요. 사계절이 있기 때문에 살아가는 생물도 많습니다. 사계절이 있기 때문에 사람들이 먹는 곡식과 작물이 자랍니다. 생명의 순환이 담겨 있기 때문이지요.

　겨울에 모든 것은 얼고 녹고 하면서 세상을 단련해 봄을 맞습니다. 겨울 잿빛을 이기고 봄을 맞아 천지에 피는 꽃들은 그래서 더욱 찬란하지요. 들판도 긴 휴식을 끝내고 때맞춰 생명의 고동을 울립니다. 식물은 기다렸다는 듯이 싹을 피워댑니다. 뜨거운 햇살 내리쬐는 여름을 이겨야 곡식들이 익구요, 가을은 또 얼마나 풍성한가요. 겨울은 또 새로운 생명을 잉태하기 위해 긴 휴식에 들어갑니다.

　지구의 자전으로 낮밤이 생기고 지구가 태양 주위를 공전하면서 사계절이 생기지요. 밤은 다시 아침이 밝아올 것을 알고 있으니 어두움을 견딜 수 있고요, 겨울은 따뜻한 봄이 올 것을 알고 있으니 추위를 견딥니다. 겨울잠 자는 동물이 1년 내내 웅크리고 잠만 잔다고 생각하면 얼마나 무료할까요. 여름 뙤약볕은 서늘한 가을바람이 곧이어 와주니 땀을 흘리면서도 상쾌합니다.

　계절마다 그 신나는 놀이는 또 어떤가요. 꽃놀이를 가고, 파도를 타며, 단풍 구경을 다니고, 눈을 맞으며 스키를 탑니다. 고단한 삶에 지친 사람을 달래주는 자연의 조화가 참 가상하고 오묘합니다.

　계절은 정직합니다. 서로를 배려합니다. 봄은 뜨거운 여름 햇살을 기다리며 초록 잎을 무성하게 해놓고요, 가을은 겨울을 준비하기 위해 잎잎이 붉은 단풍을 내려놓고 채비를 합니다. 서로 먼저 앞당겨 미리 다음 계절을 맞을 준비를 하는 것이지요.

계절에도 요즘 조금씩 변화가 있는 듯합니다. 늦더위가 심하거나 비가 한꺼번에 많이 내리거나 때아니게 따뜻한 겨울을 지내기도 합니다. 지구온난화 때문이라고들 합니다. 북극 빙하가 녹아 해수면이 올라갔다고도 하잖아요.

바다표범이나 바다코끼리를 사냥하는 북극의 아이누크족들은 이제 사냥감이 줄어드는 것도 문제지만 녹아서 갈라지는 얼음 빙벽 위를 다녀야 하는 것이 더욱 큰 문제라고 합니다. 물 부족은 더욱 심각해지고 있으니 석유전쟁보다 더 심각한 물전쟁이 기다리고 있는지도 모릅니다. 물은 필수품이기 때문에 더욱 끔찍한 다툼이 예상되지요.

홍수, 산사태, 쓰나미, 숲의 파괴, 농약과 화학비료 과다 사용으로 인한 토양 오염, 바다, 민물, 공기의 오염…… 사계절이 찾아오는 것을 위협하는 암초와 먹구름이 곳곳에 너무나 많습니다. 우리가 자연에서 야금야금 빼먹은 원금은 무모하게 탕진되고 있습니다. 우리는 우리 업보라고 하지만 우리의 아이와 아이의 아이들은 어떻게 해야 하나요?

지금과 같은 현대 문명의 형태를 갖춘 것은 수십 년에 불과하다고 합니다. 수십 년 동안 수천 년의 지구 환경을 이렇게 한꺼번에 무너뜨린 것입니다. 누구 하나 그 죄과를 피해갈 수 없습니다. 한 번 사계절이 찾아오지 않으면 지구는 없어지고 맙니다. 지금 지구의 회복은 불가능하다고 합니다. 더 나빠지지 않게만 해도 다행스러운 일이지요.

지금 바로 우리가 해야 할 일은 무엇일까요. 아름다운 사계절, 뚜렷한 사계절이 있다고 큰 소리로 노래하기 위해 할 수 있는 실천거리는 무엇일까요.

30. 거름, 온전히 땅에 바치는 헌사

온몸을 바쳐 남을 위해 소신공양하는 것이 거름입니다. 온전히 땅에 바치는 헌사입니다. 자신의 몸으로 고스란히 남을 살리는 오체투지 정신을 갖고 있는 것이 거름입니다.

뭉쳐서 썩어 분해되어 거름이 되기 전에는 한낱 귀찮은 존재입니다. 쓰레기 취급을 당합니다. 낙엽 부스러기, 잔가지, 똥, 오줌, 식물의 부산물…… 그것들이 낱낱으로 있다면 아무도 존재 가치를 인정해주지 않습니다. 아스팔트 위를 구르는 낙엽은 청소부가 쓸어갈 뿐입니다.

자연 재료가 모이고 쌓여 적당한 수분과 공기, 미생물에 의해 발효가 잘 진행되면 이제 그때부터 거름의 진가를 발휘합니다. 식물에게 피가 되고 살이 되는 천연 약이지요.

　식물들은 모두 양분이 있어야 자랍니다. 산의 나무도, 산의 풀들도 자신의 몸에서 떨어져 나온 것들이 자신의 발아래 쌓여 절로 썩어 자신이 자랄 거름이 됩니다. 밭에서 키우는 작물들도 거름이 좋아야 건강하게 자라 열매를 맺을 수 있습니다. 그래서 유기농사를 짓는 농부들은 제일 먼저 거름을 만드는 일을 합니다. 여름부터 내년에 쓸 거름을 미리 만들기도 합니다. 발효에 시간이 걸리기 때문이지요.

　잘된 거름과 잘못된 거름은 공기가 잘 들어갔는지, 수분은 적당한지, 잘 뒤집어주었는지, 미생물들이 잘 발효시켰는지에 달려 있습니다. 잘 만든 거름에서는 향긋한 냄새가 납니다. 술 익을 때 나는 냄새와 비슷하기도 하지요. 예전 조상들은 집집마다 소 한두 마리를 키워 소의 똥과 오줌을 모아 짚하고 섞어 구비(소가 밟게 해서 만든 퇴비)를 만들어 밭에 넣어주었습니다.

　봄이 되면 작물을 심기 전에 거름을 꼭 뿌려야 합니다. 밭에 나가면 거름은 땅과 잘 결혼해서 땅을 기름지게 합니다. 양분이 가득한 땅에서는 식물이 금방 자식새끼 잘 낳고 튼실하게 크지요. 농부들은 가을 수확 후에는 열매만 따고 식물의 남은 찌꺼기들은 그대로 밭에 남깁니다. 밭의 거름으로 들어가게 하는 거지요. 과일 농사를 짓는 분들은 수확 후에 고맙다고 꼭 '감사 거름'을 나무 포기마다

줍니다. "어이구, 수고했어요" 하면서 말이지요.

거름 같은 존재가 되라고 합니다. 남을 위해 온전히 자신을 내어주는 희생정신, 배려와 같은 덕목을 갖춘 사람이 되라는 것이겠지요.

바삐 돌아가는 세상, 남 돌볼 사이 없이 정신없이 뛰어가도 모자라는 세상이지만 그래도 이 땅을 지키기 위해 오체투지 하는 사람은 있겠지요. 어디 거름 같은 사람 없나요? 모두 냄새난다고 돌아앉아 그 홀로 시골 땅을 지키나요?

31. 똥과 오줌으로 밥을 만들어요

 똥과 오줌, 모두들 더럽다고 피하지요? 냄새 난다구요? 모두 자신에게서 나온 것이고 자신의 냄새입니다. 자신이 털어내놓은 것인데 더럽다고, 냄새난다고 안 보면 어떡하나요? 자신의 옷, 자신의 돈만 중요하고 자신의 몸에서 나온 똥과 오줌은 멀리해도 될까요?
 옛날 농부들은 똥과 오줌을 함부로 버리지 않았습니다. 이웃집에 마실 가서도 꼭 자기 집에 돌아와 똥오줌을 누었지요. 그 똥오줌을 모아서 밭으로 가져가면 소중한 거름이 되었으니까요. 길에 있는 소똥, 개똥도 모두 주워다 잿간에 넣었으니까요.
 밥상에 올라오는 모든 것이 똥을 먹고 자란 것이지요. 그러니 밥이 곧 똥인데 그 똥을 멀리하면 되겠어요? 그럼 내 배 안에는 온통 내가 멀리해야 할 것투성이잖아요. 내 소중한 배 속에 똥이 잔뜩 들어 있는데.

실제로 자기 오줌을 먹는 사람도 있습니다. 채식으로 정갈해진 오줌을 먹어 스스로 순환을 실천하는 사람이지요. 우스갯소리로 요즘 도회지 사람들 똥은 거름으로도 못 쓴다고 합니다. 온통 인스턴트식품을 먹어 온갖 식품첨가물로 뒤범벅이 된 독성 가득한 똥이니 썩지 않아 거름이 잘 안 된다는 거지요.

농사는 곡식을 재배하는 일이지만, 흙을 일구는 일과 흙의 먹이인 거름을 위해 똥을 숙성시키는 일을 유기적인 흐름으로 함께 보아야 합니다. 그러므로 사람은 곡식만 취할 것이 아니라 흙을 살리고 똥을 살려야 합니다.

지금은 똥이 흙으로 돌아가지 못해 순환 관계가 끊어졌습니다. 똥은 수세식 변기로 들어가 더러운 오염원으로 전락했고, 농사를 지을 때 농약과 화학비료를 잔뜩 주어 흙과 농산물이 오염되는 악순환이 계속되고 있습니다. 식물과 다른 동물들은 자연을 해치는 일 없이 자신의 똥을 그대로 자신의 거름으로, 자연의 거름으로 쓰잖아요. 사람만이 자신의 똥을 모아 바다에 버리다가, 해양생태계가 파괴된다고 하니 버릴 데를 못 찾고 애를 먹지요. 똥이 쓰레기가 되는 현실, 버릴 곳을 못 찾아 애를 먹는 현실, 계속 똥은 나오는데, 이러다간 곧 넘칠 텐데 어찌해야 하나요?

몇 년 전 미국 애리조나 사막에서 '바이오스피어2'('바이오스피어1'을 지금 우리가 살고 있는 지구환경으로 보고 이와 구분하기 위해 2라고 함)라고 이름 붙인 대규모 생태계 실험을 했습니다. 1.2헥타르의 면적에 거대한 온실을 만들고 밀봉하여 그 안을 지구환경과 똑같이 만들었습니다. 초원지대 · 습지대 · 작은 바다 · 열대우림까지 만들어놓고, 토양생물을 위해 흙을 옮겨놓았으며, 생태계를 대표하는 식물과 동물도 모두 옮겼습니다. 그리고 이곳에서 사람이 생존할 수 있는지, 얼마 동안이나 생존하는지 8명이 직접 생활에 들어갔습니다. 그런데 상황은 너무나 빨리 악화되었습니다. 생태계가 붕괴되고 대기 중 산소가 너무 빠르게 감소했습니다. 24종의 척추동물 중 19종이 곧바로 멸종 상태에 빠졌습니다. 이유는 바로 인간들이 내뿜는 일산화탄소, 암모니아가스 때문이었습니다. 바로 똥 때문이었습니다. 똥이 밭으로 돌아가지 못하고 버려졌기 때문입니다. 일부 사람들은 이 실험에 양동이 하나와 재만 있었으면 그 문제를 간단히 해결할 수 있었다고 말합니다. 똥오줌을 양동이에 모으고 재를 뿌려두면 가스도 안 생기면서 분해가 쉽게 되기 때문이지요. 그렇게 분해된 것을 밭에 거름으로 뿌렸으면 해결될 문제였다는 겁니다.

바이오스피어1도 똥을 잘 관리하지 않으면 생태계 파괴에 직면할 수 있다는 것을 이 실험은 말해줍니다.

물에 똥을 누고 더 많은 물을 함께 버려 개천으로, 바다로 흘려 보내는 일이 온전한 일인지 따져보아야 합니다. 똥은 흙으로 돌아가야 합니다. 똥은 흙으로 돌아가야 발효되고 다른 생명으로 부활합니다. 똥만큼 훌륭한 거름은 없습니다. 똥을 거름으로 만들어 밭으로 돌려주는 일, 국가적으로 나서면 안 될 일도 없지요. 다만 도회지 사람들의 똥과 오줌을 거름으로 쓸 수 있을 때 얘기입니다.

32. 보이지 않는 미생물 덕분에

보이지도 않는 것이, 볼 수도 없는 것이 지구에는 엄청나게 많습니다. 그런 작은 생물들이 지구를 지키고 있습니다. 함께 살아가는 지구의 동반자입니다. 눈에 보이지 않는다고 홀대하면 절대 안 됩니다.

한 줌 흙 속에는 지구 인구보다 더 많은 생물들이 살고 있습니다. 원생동물 3만, 단세포 조류 5만, 진균류 40만, 박테리아 수십 억 마리, 바이러스는 셀 수도 없습니다. 미생물을 분류하면 식물성 플랑크톤, 균류(병원균), 사상균류(곰팡이), 효모류, 바이러스류 등이 있습니다. 미생물은 유기물, 무기물 등을 먹고 스스로 환경을 정화합니다. 쓰레기를 처리하는 미생물도 있습니다. 미생물을 이용해 음식을 만들 수도 있습니다. 우리 전통 음식 중에는 발효 음식이 많습니다. 술, 고추장, 된장, 김치 등이 모두 그렇지요. 모두 미생물의 활발한 작용으로 익으면서 고유한 맛이 나는 것입니다. 우리 선조들의 미생물 활용은 놀라운 수준이었습니다.

우리가 흔히 퇴비라고 부르는 두엄은 토착 미생물을 이용해 발효시킨 최고의 비료입니다. 바로 흙 속에 있는 미생물로 발효시켜 만든 것이지요. 옛 어른들은 풀을 깎아 바로 논밭에 낸 것이 아니라 거름장에 쌓아 미생물에 의해 발효가 충분히 될 때까지 기다렸다가 논밭에 냈습니다.

그늘진 구석, 습하고 볕이 적은 곳을 보면 영락없이 하얗게 미생물이 군락을 이룬 채 서식하고 있습니다. 낙엽이 쌓여 썩어가고 있는 곳, 활엽수 낙엽이 많이 쌓인 산골짜기나 계곡, 대나무 숲, 잔디의 뿌리 등에서 이로운 미생물을 채취할 수 있습니다.

미생물은 살아 있는 효소입니다. 적은 양으로도 토양을 건강하게 회복시키고, 섞어띄움비료를 제조하고 퇴비를 만들며, 축산에서는 발효사료를 제조하여 가축을 건강하게 하고 병이 없게 하며, 돼지우리나 닭장의 청결을 유지하고, 식물이 질병에 걸리지 않게 하는 역할을 합니다.

미생물들은 공기 중에 있는 질소를 흡수해 식물들이 숨 쉴 수 있는 형태로 바꿔줍니다. 중요 영양분을 흙에서 식물 뿌리로 날라줍니다. 식물, 동물의 배설물이나 사체를 영양분으로 바꿔주면 이 영양분을 식물이 먹이로 이용하기도 하지요.

　박테리아나 균류 같은 미생물이 자기 먹이를 마음껏 먹는 과정에서 나오는 영양소를 우리가 먹는 식량작물도 먹습니다. 동식물에게 영양을 공급할 뿐 아니라 우리 내장 안에서 소화 과정을 돕기도 합니다. 또 음식에서 직접 흡수하지 못하는 영양분을 제공하기도 하지요.

　미생물은 자연의 분해자 역할을 담당합니다. 쓰레기를 분해함으로써 물을 깨끗하게 만들어주지요. 물론 쓰레기가 지나치게 많으면 분해자들은 그 임무를 감당할 수 없게 되고 그 물은 먹을 수 없게 됩니다. 미생물에 의해 분해될 수 없는 오염 물질도 마찬가지입니다. 그런데 세상은 전혀 딴판으로 흐르고 있습니다. 미생물이 분해할 수 없거나 분해하기 아주 어려운 합성 물질을 많이 만들어내고 있습니다. 따라서 지구의 오염도 확산되고 있습니다. 근본적으로 분해자들은 그런 오염 물질을 자신들의 먹이로 인식하지 못합니다. 그러면 미생물은 또 다른 세계로 떠날 수밖에 없습니다.

　인간이 인공적으로 배양했거나 배양할 수 있는 미생물종은 전체 미생물종의 5%에 지나지 않는다고 합니다. 나머지 95%의 미생물은 지구 곳곳에 숨어 있습니다. 인간의 과학 수준으로는 아직 밝혀내지 못하고 있는 것이지요.

미생물, 사람의 눈에는 절대 보이지 않지만 지구에 꼭 필요한 생물. 그러나 지금까지 지구상에 아주 조금만 자신의 존재를 드러내 보인 무한한 천연자원인 작은 미생물들이 지구의 친구로, 동반자로 어깨동무하면서 함께 살 수 있도록 해야 할 텐데, 사람들은 눈에 보이지 않는다고 그 가치를 전혀 모르고 있습니다.

작은 미물도 모두 제 역할이 있습니다. 제가 가고자 하는 길이 있습니다. 자연환경을 지키고 끊임없이 지구를 지키고자 하는 쉼 없는 몸짓이 있습니다. 그들보다 머리가 발달된 존재로서 사람이 해야 할 몫은 자연물에게 새롭게 큰 역할을 맡기는 것입니다. 그들에게조차 해독 불가능한, 분해 불가능한 쓰레기를 마구 만들어내는 사람은 한낱 보이지 않는 작은 미물보다 더 못한 머리를 가지고 있는 셈입니다.

한 뼘 곁,
이 덕분에 내가 산다

"한 장의 종이는 종이 아닌 요소들로만 이루어져 있다. 마음, 대지, 벌목꾼, 구름, 햇살이 그 안에 들어 있다. 만일 그대가 종이 아닌 요소들을 그 근원으로 되돌려버린다면, 종이는 더 이상 존재할 수 없다. 종이는 얇지만, 그 안에는 전 우주의 모든 것이 담겨 있다. 그대가 꽃과 나무에 물을 줄 때, 그것은 지구 전체에 물을 주는 것이다. 꽃과 나무에 말을 거는 것은 그대 자신에게 말을 거는 것이다. 우리는 세상의 모든 것들과 연결되어 있다. 우리는 무수한 시간 동안 함께 존재해왔다."

_틱낫한

한 뼘 곁 나를 이루고 있는 몸의 일부분에게 감사해본 적은 있나요? 한 뼘 곁 나를 생각해주는 사람들을 생각해본 적이 있나요. 그들 덕분에 내가 사는데, 그들의 움직임으로 내가 하루하루 살고 있는데.

옆에 있기 때문에 무심코 지나치지만 내 한 뼘 곁에 있는 소중한 친구들에게도 따뜻한 눈길 한번은 주어야 합니다. 연락 없어 멀어진 친구도 많잖아요. 한번쯤 눈, 코, 입, 혀, 귀, 손, 발, 친구, 부모, 이웃, 그리고 자기 자신에게도 손 한번 내밀어보자구요. 말 한번 걸어보자구요.

33. 나에게 말을 걸어오는 저 사람은 누구?

　나에게 말을 거는, 내가 말을 거는 저 사람은 누구입니까? 말이 통하고, 손짓 발짓만으로도 통하는 저 사람은 어디에서 온 사람입니까?

　같은 지구인이라는 동류의식이 우리 사이엔 알게 모르게 있습니다. 적막강산에 혼자 있을 때, 우린 외로움을 느낍니다. 그리하여 사람은, 사람과 부대끼면서 외로움을 견딥니다. 혼잡한 버스나 지하철에서 꼼짝달싹 못하게 하는 사람일지라도 그들이 옆에 있기 때문에 나는 외로움을 덜 타는지도 모릅니다. 그들이 짜증을 내게도 하지만 외로움보다는 그 짜증이 오히려 다행일지도 모릅니다.

　목소리 높여 다투고, 상대에게 상처를 주고 상처를 받아도 그들이 나와 똑같은 사람이기 때문에 그에 대한 애정이 바탕에 깔려 있습니다. 나 자신인 바로 그 사람을 사랑하지 않으면 나 자신은 세상에 없기 때문입니다. 내가 내 존재를 인정하지 않는다면 누가 날 인정해줄까요.

사람은 저마다 다 다릅니다. 생김새도 다르고, 말투도, 행동도, 입은 옷도, 표정도 다 다릅니다. 심지어 쌍둥이도 다른 것투성이지요. 유전자가 다르고, 사는 생각과 방식과 습관이 다 다르기 때문이지요. 그 다름을 인정하면 그 사람은 단조로운 내 삶에 새로운 활력소가 됩니다. 사람에게서 받는 감동이 제일 크다고 합니다. 다른 사람은 내 일상의 가장 훌륭한 감동이요, 삶을 이끌어주는 존재이며, 행복한 자극제입니다.

누가 내 삶을 대신해줄 수 없듯이 나도 그 사람의 삶을 대신 살아줄 수 없습니다. 우린 똑같이 알 수 없는 저 하늘의 별에서 와서 지구별에서 저마다의 모습대로 살다가 다시 저 알 수 없는 별로 갑니다. 그러나 지금 푸른 행성의 동반자로서 이 땅에 발을 함께 딛고 있기 때문에 그 사람을 만나면 따뜻하고 다시 보고 싶고 떨어지기 싫은 것입니다.

사람이 제일 무섭고 사람에게서 받는 상처가 제일 아프다고 합니다. 내 마음을 아는 그가, 나와 똑같이 지구의 삶을 사는 그가 나를 몰라줄 때 제일 섭섭하다는 거지요. 무섭고 상처받는 것은 그도 똑같습니다. 그와 나는 별반 다를 게 없는, 같은 사람이기 때문입니다.

"말귀를 못 알아듣는다"고 얘기하는 사람도 있습니다. 자신이 말을 잘 못한 것이지요. 내가 그에게 보내는 신호가 해독 불가이기 때문에 그가 귀를 열지 못하는 것이지요. 사람이 사람의 말을 못 알아듣는 경우는 거의 없습니다. 내가 너무 잘난 체, 아는 체 떠들어서 그가 못 알아들은 것이지요, 십중팔구.

사람이 그리운 세상입니다. 누구나 옆에 누가 있는지 잘 모르고 있습니다. 허겁지겁 달리다보니 옆에 있는 사람 얼굴도 제대로 못 쳐다봅니다. 병원에 가도 의사는 환자 눈 한번 제대로 보지 않고 진료를 하고, 물건을 사도 종업원은 손님 얼굴 볼 시간이 없습니다. 사람과 사람은 눈으로 말해야 하는데 눈 마주칠 겨를도 없이 속도전을 벌이고 있는 것이 요즘 시대입니다.

옆에 사람이 있기 때문에 고독하지 않은 우리는 서로가 서로에게 위안입니다. 위안이 되어야 합니다. 서로가 서로의 손을 잡고 따뜻한 체온을 나누며 빛나는 지구의 시간을 함께 보내야 하지 않을까요. 사람이 희망이라고 하지 않던가요?

34. 손은 마음을 이어주는 연결고리

 사람 손가락은 왜 다섯 개일까요? 여섯 개여도, 네 개여도 될 텐데 왜 그럴까요? 왜 왼손과 오른손이 있을까요? 왜 손은 팔이라는 자루 끝에 달려 있을까요? 팔은 왜 어깨에서 나와 있을까요? 허리에서 나와도 되고 허벅지에서 나와도 될 텐데. 왜 손에는 손톱이 있고 손마디가 있을까요. 손가락은 왜 길이가 다 다를까요. 내 몸의 일부분이고 하루 중 가장 많이 쓰고 있는 손을 제대로 본 적이 있나요? 고맙고 수고 많은 손을 한번 자세히 보자구요.

 손에는 나이의 흔적 같은 게 배어 있습니다. 나이 든 나무의 표피에 연륜이 가득 배어 있듯이 사람의 손에도 연륜이 스며들어 있습니다. "왜 이렇게 늙었지?" 어느 날 손을 보면 나이를 먹었다는 것이 바로 느껴지지요.

손가락을 쭉 펴고 두 손을 이어 대면 꼭 자기 얼굴 크기입니다. 세수할 때 아주 적당한 크기지요. 손가락 다섯 개는 참 이상적인 균형을 갖추고 있습니다. 가장 안정감 있는 구도지요. 가운뎃손가락이 제일 길고, 엄지손가락은 제일 굵고, 새끼손가락은 제일 가느다랗지요. 손의 길이도 이렇듯 완벽한 안정미를 갖추고 있습니다.

손의 도움 없이 사람이 하루를 살기는 힘듭니다. 머리라는 중앙 관제센터의 통제를 받긴 하지만 손을 움직여야 밥을 먹고, 글을 쓰고, 세수를 하고, 일을 하고, 음식을 할 수 있습니다. 또 손은 오감 중 하나인 촉각을 느끼게 해줍니다. 부드럽다, 거칠다, 밋밋하다, 축축하다, 뽀송하다 하는 느낌은 모두 손이 제일 먼저 느끼고 대뇌에 전달합니다.

손이 귀찮다고 하루 태업을 하면 사람은 꼼짝할 수 없습니다. 죄를 지으면 가장 먼저 손을 묶는 이유는 꼼짝달싹 못하게 되기 때문입니다.

손은 팔이라는 긴 지주가 있기 때문에 편리하게 움직입니다. 행동반경도 넓어집니다. 긴 팔의 반지름만큼 움직일 수 있고, 두 팔을 뻗으면 두 팔의 길이만큼 움직여 일을 할 수 있습니다. 또 손톱이 있기 때문에 더 큰 힘을 쓸 수도, 쉽게 자를 수도 있지요. 손톱은 손을 보호하기도 합니다.

손을 맞잡았다, 악수했다, 손에 입을 맞추었다는 것은 서로 교감을 했다는 것입니다. 사람과 사람 사이에 의식과 감정이 오고 갔다는 것이지요. 반갑다는 표시로 서로 손을 맞잡고 발을 동동 구르지요. 손의 온기가 전해져 마음을 교감하는 것입니다. 엄지를 세워 좋다, 훌륭하다는 표시를 하고 만날 때와 헤어질 때 인사도 손을 들어 합니다. 상대의 손을 들어주면 상대가 자신을 이겼다는 것이지요. 손은 인간이 할 수 있는 모든 표현을 다 해냅니다, 마법사처럼.

마음과 마음을 이어주는 손, 너무 부려먹으면 탈 나는 수가 있습니다. 적당히 부려먹고 가끔 휴가도 좀 주자구요.

손톱 아래 가시가 박히면 왜 그리 따끔거릴까요? 다섯 손가락 깨물어 안 아픈 손가락 있을까요?

35. 발, 냄새난다고 타박이시라구요?

　우리가 살아가면서 발은 잘 안 보게 되지요. 냄새난다고 소홀하게 대하기도 하구요. 손은 하루에도 몇 번씩 씻지만 발은 하루에 한 번도 제대로 씻지 않잖아요. 그래도 발은 섭섭한 내색 없이 우릴 어디든 데려다줍니다. 마음먹은 곳이 어디든 짐 보따리 하나 싸서 떠나기만 하면 발이 알아서 데려다줍니다. 높은 산에 올라갈 수 있는 것도, 바닷가에 갈 수 있는 것도, 약속 장소에 갈 수 있는 것도 모두 발 덕분입니다.
　세상이 이렇게 넓고 볼 것투성인 줄 알게 된 것도 발 덕분입니다. 넓은 세상으로 데려다주어 인간의 좁은 마음과 얕은 식견을 타박하는 것도 발입니다.

자동차가 생기기 전에는 발이 자동차였습니다. 아무리 먼 곳이라도 발이 다 데려다주었지요. 과거를 보러 한양으로 몇 날 며칠을 걸어 올라가기도 하구요. 괴나리봇짐 하나 메고 미투리 몇 켤레 매달아 며칠이고 길을 걸어 목적지에 닿았습니다. 발이 부르트고 물집이 생기고 피가 나도 발밖에 의존할 게 없었으니까요.

그랬던 발이 요즘은 많이 호사합니다. 사람들은 요즘 잘 걷지도 않아요. 대문 열면 차가 있고 엘리베이터나 에스컬레이터, 리프트, 케이블카가 있으니 걸을 곳도 많지 않아요. 걷는 것을 귀찮아하는 세상입니다. 그러니 발이 단련이 안 되어 조금만 걸어도 아프다고 소리칩니다.

사람은 발이 따뜻해야 잠을 잘 잔다고 합니다. 발을 항상 따뜻하게 해주어야 건강하게 살 수 있다지요. 발에 적당히 땀이 나고 자극을 주어야 건강한 삶을 유지할 수 있습니다. 건강한 농부의 발은 굳은살로 도배를 한 예술작품입니다.

발품을 많이 팔아야 건강은 물론 세상 물정 구경 많이 할 수 있습니다. 차창 밖으로 보이는 풍경은 겉풍경일 뿐입니다. 발로 속속 찾아다니는 풍경이 진짜 알짜배기 속풍경입니다. 사물과 사람의 속을 알아야 진가를 바로 알게 됩니다.

시골 오일장을 느릿느릿 걸어 다니거나, 느릿한 걸음으로 숲길을 산책한다거나, 평소보다 속도를 늦춰 걸으면 자기 내면을 볼 수 있고, 사람살이를 볼 수 있고, 세상의 내면을 볼 수 있습니다. 느린 걸음이 오히려 더욱 풍성한 소득으로 다가오지요.

황소걸음은 지치지 않습니다. 느리지만 오래 갈 수 있는 걸음이 황소걸음입니다. 바쁘다는 것, 시간이 없다는 것은 무질서하게 허둥댄다는 것입니다. 앰뷸런스에 타고 있는 구조대는 자신의 질서를 잘 알고 자신이 맡은 분야에서 신속히 대처합니다. 자기 내면에 갖춰진 질서가 그들을 움직이게 하는 것이지요. 허둥대지 않고 침착하게.

자신의 질서를 찾아 지치지 않게 자신의 보폭을 길들이는 것이 제일 좋습니다. 그럼 더욱 일이 잘 되고 주변을 따뜻하게 할 수 있습니다. 느린 걸음으로 생긴 빈 시간만큼 세상을 따뜻하게 할 여유도 생기니까요.

발 혹사시키지말고, 잘 주물러주고 따뜻하게 해주어 드넓은 세상 속으로 자유롭게 다녀보자구요. 천천히 느린 걸음으로.

36. 맑은 눈에 풍덩 빠지고 싶어요

사람은 서로 눈을 마주 봅니다. 대화할 때나 마주칠 때나 사람을 처음 만났을 때 눈부터 마주치지요. 그 사람의 전체가 그 눈에 담겨 있습니다. 그 사람을 보는 내 모습도 그 눈에 담겨 있습니다.

눈이 유난히 맑고 반짝이는 사람이 있습니다. 특히 수도자나 마음 수련을 많이 한 사람일수록 눈에서 빛이 나지요. 우리가 어느 별에서 왔다면, 저 별과 소통하는 우리 몸의 일부분은 아마 눈일 겁니다. 눈에서는 누구든 빛이 나니까요.

세상과 통하는 문이 눈입니다. 타인과 통하는 문이 곧 눈입니다. 그러니 마음의 눈으로 바라보아야 합니다. 그저 보이는 대로만 본다면 사람의 맑은 눈에 새겨진 그 소명을 다하지 못하는 것입니다.

눈을 사시로 뜨고 흘기고 눈총을 주는 건 내 마음의 문이 삐뚤게 되어 있기 때문입니다. 자꾸자꾸 삐뚤게 보면 나중에 눈이 뒤집힐지도 모릅니다.

따뜻한 애정이 듬뿍 담긴 눈은 초롱초롱하고 눈물로 조금 젖어 있는 눈입니다. 그런 눈을 가진 사람의 마음은 항상 호수처럼 잔잔합니다. 아주 작은 미물에도 따뜻한 눈길을 주는 사람의 눈은 온화합니다. 따뜻한 눈길은 전염성이 강해 그 눈길을 받은 사람은 그것을 옆으로 옆으로 퍼지게 합니다. 그래서 그 사람의 주위에는 어느새 따뜻한 기운이 강물이 되어 흐르지요.

눈물은 눈에서 나오는 씨앗입니다. 감정이라는 폭포수에서 떨어지는 씨앗이 눈물입니다. 그 씨앗이 땅바닥에 닿으면 기쁨의 꽃이 피고, 후련함의 꽃이 피고, 새로운 의지의 꽃이 핍니다. 너무 기뻐도 울고, 슬퍼도 웁니다. 눈물을 많이 흘리는 사람은 감정이 풍부한 사람입니다. 나이 들면 눈물이 많아지고 결국엔 눈물이 마르기도 합니다. 눈물의 샘이 고갈되어 한 방울도 남아 있지 않습니다. 살면서 흘린 눈물의 양이 너무 많아 이미 말라버린 거지요.

눈으로 보면서도 제대로 보지 못하는 사람은 불행한 사람입니다. 사물을 있는 그대로 볼 수 있는 눈이 왜 그들에겐 없을까요. 더군다나 그런 눈을 가진 사람이 높은 자리에 있는 사람이라면 사회에 끼치는 폐해가 너무 큽니다. 그런 사람들에게는 흐린 눈을 맑게 해주는 특수 안경을 선물해주어야 합니다.

    호수처럼, 사슴처럼 맑고 선한 눈을 가진 사람을 기다립니다. 그런 눈을 가진 사람의 온기가 널리널리 퍼져 모든 것이 제자리에서 움직이고, 모든 사람이 사람의 도리를 다하는 따뜻한 세상이 되면 얼마나 좋을까요?

37. 코 꿰였다고 생각하면 이겨요

얼굴 중간에 오똑 솟아 있는 코. 아래로는 굴뚝 같은 구멍이 두 개 나 있는 대칭형의 코. 우리 몸에 대칭 아닌 것이 없지만 코는 온전한 하나로 이루어져 있으면서 절묘한 대칭을 이루고 있습니다.

코로 숨을 쉽니다. 코감기에 걸려 코가 막히면 숨 쉬기가 곤란하지요. 코는 막히고 콧물은 줄줄 나오고, 숨 쉬기는 곤란하고, 참 힘들어집니다. 콧물이 나는 것은 신체에 이상이 있다는 신호입니다. 추워서 몸에서 내놓는 체온조절장치이지요.

코로 냄새를 맡습니다. 냄새는 맛과 연결됩니다. 코는 감지기입니다.

코는 몸 안으로 들어오려는 나쁜 먼지들을 막아줍니다. 코털은 중요한 방어막이지요. 기둥처럼 서서 먼지를 달라붙게 하여 걸러냅니다. 코딱지는 그런 먼지들의 집합체이지요.

요즘은 코 흘리는 아이들이 많지 않지만 옛날에는 왜 그리 코 흘리는 아이가 많았던지요. 아이들 초등학교 입학식 땐 손수건을 꼭 가슴에 달아주었지요. 콧물 닦으라고.

동물들은 거의 코로 모든 먹이를 찾습니다. 후각이 발달되어 이상한 냄새가 나는 것이 근처에 있으면 금방 알아차립니다. 냄새를 잘 맡아야 먹이도 쉽게 찾고 자신을 방어할 수 있습니다. 코끼리의 코는 손입니다. 모든 먹이를 코로 받아먹지요. 그래서 코가 길어진 것인지도 모르지요.

일소를 부리기 위해서는 소의 코를 뚫어 코뚜레를 해줘야 합니다. 끈을 매어 명령을 잘 알아듣도록 하기 위해서지요. 벌겋게 달군 쇠로 소의 코를 지지면 소는 아파 죽는다고 고함을 지릅니다. 며칠 그 고통을 혼자 삭이면 비로소 일소로서 통과의례를 마친 것입니다. 그런 뒤엔 밭으로 나가 코뚜레에 맨 끈을 잡아당기며 훈련을 시키지요. 덩치 큰 소도 코뚜레 끈을 당기면 꼼짝없이 따라옵니다.

사람도 "코 꿰였다"고 합니다. 꼼짝없이 걸려들었다는 표현입니다. 부부는 서로 코가 꿰였다고 우깁니다. 그럼 누구 하나는 말을 잘 들어야 하는데 서로 코 꿴 주인이라고 우깁니다. 다툼이 일어납니다. 누구 한 사람은 자신이 코 꿰였다고 해주면 문제가 쉬워지겠지요.

코를 비비면서 인사하는 서양 사람들도 있습니다. 그들에게는 손으로 나누는 인사보다 코로 나누는 인사가 더 중요하고 정감 있는 인사인가봐요.

냄새야말로 기억과 인상을 불러내는 강력한 힘을 갖고 있습니다. 냄새를 통해 어제의 일을 기억해내기도 합니다. 어제 맡았던 그 냄새를 기억했다가 오늘 그 냄새와 비교하고, 더불어 어제의 일까지 기억하는 것이지요.

모름지기 사람의 코는 세상의 좋은 향기를 잘 맡아야 합니다. 좋은 향기는 오래오래 멀리 퍼지므로 그 향기에 물들도록 매일 코를 벌름거리며 세상의 향기를 쫓아 살아야 합니다.

38 당나귀 귀 가진 사람 어디 없나요?

"임금님 귀는 당나귀 귀"라고 외친 사람이 있지요. 그 이야기 속의 백성들은 태평성대에 살고 있지 않았을까요? 백성의 아쉬운 소리 다 듣는 귀 큰 임금이 있었으니 말이지요. 아쉬운 곳을 미리 알고 잘 긁어주지 않았을까요? 부처님 귀도 엄청 크지요. 남의 말을 잘 듣는 사람의 귀는 클 수밖에 없지요.

소리샘, 귀는 기쁨의 원천입니다. 소리를 잘 모아들을 수 있는 모양과 구조로 되어 있는 귀는 절묘하게 생긴 성능 좋은 스피커입니다. 몇 백만 원 이상 호가하는 고급 스피커보다 우리 귀의 성능이 백 배 천배 뛰어납니다. 고급 스피커도 우리 귀의 구조를 본떠서 만들었지요.

모름지기 귀는 소리를 잘 들어야 합니다. 잘 듣지 않으면 말도 잘 못합니다. 말을 잊어버리는 것은 잘 듣지 못해서 그렇습니다. 그래서 귀는 항상 열려 있습니다. 이 세상에서 들려오는 소리에 끊임없이 귀 기울일 줄 아는 지혜로운 사람이 되라고, 세상에서 들려오는 다양한 소리를 정확하게 구별해낼 수 있는 사람이 되라고 귀가 열려 있는 것입니다. 빠짐없이 말을 잘 들어야 필요한 말을 할 수 있습니다.

'한쪽 귀로 듣고 한쪽 귀로 흘려버리라'고 하지만 그렇게는 할 수 없습니다. 귀를 뚫고 지나갈 수 있는 말은 없기 때문이지요. 귓바퀴에 들려온 말은 중앙처리센터인 뇌에 전달되고 그 말을 전달받은 뇌는 필요한 지시를 내립니다.

귀는 있으나 잘 듣지 못하는 사람도 많습니다. 주의를 기울이지 않아서 그렇습니다. 한 가지 일을 하지 않고 한꺼번에 여러 가지 일을 해서 그렇습니다. 생각이 다른 곳에 가 있는 것입니다.

"국민의 소리에 귀기울이겠습니다." 정치인들이 아무리 떠들어도 그것은 선거철 표 모으기용 선전일 뿐, 당선되면 내 알 바 아니라고 합니다. 아무리 여러 번 국민의 소리를 전해도 듣지 않습니다. 이를 '소귀에 경 읽기'라고 합니다. 소가 우리 말과 경전을 알아들을 리 없잖아요. 그러니 우린 우리 마을의 대표를 뽑은 것이 아니라 소나 말을 뽑은 것이군요. 아님 귀지가 가득 차서 귀가 꽉 막힌 사람이

거나. 귀가 있어도 꽉 막힌 귀, 소귀를 가진 정치인들은 잘 듣지 못해서 허튼 말, 과장된 말들을 많이 합니다. 정치인들에게는 성능 좋은 보청기를 선물할까봐요.

귀담아듣는 사람이 좋습니다. 어떤 얘기든 귀담아듣는 사람은 반성할 줄 압니다. 잘못된 행동을 고칠 줄 압니다. 앞으로 일어날 잘못을 미리 고칠 줄 압니다. 들은 대로 행동하는 아이들의 귀, 얼마나 귀엽고 앙증맞은지요. 아이의 귀를 닮아야겠습니다.

생명의 소리에 귀 기울일 수 있는 능력만큼 소중한 것은 없습니다. 나무가 물을 빨아들이는 소리, 숲이 햇살 가득 받아 숨 쉬는 소리, 벼가 알곡을 알차게 익게 하는 소리, 귀를 쫑긋 세우고 들으면 다 들을 수 있습니다. 어둠 속, 새벽 공기 속에서 새소리를 들어보았나요? 생명 가득한 소리에 익숙해진 귀, 살아 있는 작은 생명에게도 따뜻한 눈길을 주는 마음의 오솔길 하나를 항상 간직하고 있는 사람의 귀입니다.

39.
입 함부로 놀리지마세요

크지도 않고 작지도 않은 그 통로를 통해 무수히 많은 음식이 들락거립니다. 말이 되어 나오는 곳이기도 하구요. 생명을 지켜주는 가장 중요한 통로입니다. 무엇일까요? 누구나 태어나자마자 본능적으로 그 통로를 통해 어머니의 젖을 빨아서 생명을 이어갑니다. 나이 먹은 만큼 하루 세 끼 먹은 음식의 양을 계산해보면 어마어마하겠지요. 모두 그 작은 입을 통해 넣었습니다.

맛을 느끼고 더 맛있는 것을 갈구하게 되는 혀. 음식을 잘게 부수고 씹고 넘기기 좋게 만드는 이빨, 외부로 튀어나와 있는 입술이 입의 구성원입니다.

보고, 듣고, 냄새 맡고, 먹고, 만지는 오감 중 먹는 즐거움이 무엇보다 크다고 합니다. 물론 오감은 다른 세계와 연결하는 통로이기도 합니다. 오감의 취향은 갈수록 까다로워지고 있습니다. 전문가의 훈련된 예민한 오감이라면 잘 모르겠지만 오감은 우리에게 순종을 강조합니다. 오감은 폭군이 되기도 합니다. 독특한 취향을 고집하는 사람은 늘 그렇습니다.

맛과 더불어 포만감 있게 먹어야 잘 먹었다고 합니다. 맛있다는 것은 단맛이 적당하다, 씹기 좋다, 넘기기 좋다, 분위기 좋다, 배가 부르다는 느낌의 다른 이름입니다. 맛을 세분하기 시작하면 끝도 한도 없습니다. 저마다 다른 "맛 좋음"을 채워주는 요술 같은 음식이 어디 있을까요. 결국 그렇게 하다보면 오감을 만족시키는 것이 하나도 없을지 모릅니다. 걱정이 됩니다.

미식가, 식도락가들이 생기면서 맛을 찾아 전국을, 세계를 누비는 사람도 많이 늘어났습니다. 이색적인 음식, 독특한 음식을 먹는 것은 좋은데, 그 음식이 내 상 위에 올라올 때까지 얼마나 많은 탄소가스를 내뿜으며 왔을지를 생각해봅니다. 국적불명의 음식은 다른 독약 성분으로 가득 차 있을지도 모릅니다.

귀의 도움을 받아 입은 말도 합니다. 누구든 처음부터 말을 잘하는 사람은 아니었습니다. 갓난아기 때 한두 마디씩 배워 쓴 말이 늘어 지금의 내 말이 되었지요. 말은 인격을 드러낸다고 합니다. 그러니 처음부터 말을 잘 배워야 합니다. "혀 함부로 놀리지 말라"고도 하지요. 말 때문에 구설수에 올라 고생하는 사람도 많습니다. 말 많이 하고 난 날은 좀 허탈하기도 합니다. 말을 통해 에너지가 나가기 때문입니다.

말조심해야 합니다. 지키지 못할 말은 하지 않는 것이 좋습니다. 옛날 로마에서는 거짓말하는 사람은 혀를 잘랐다지요. 우리나라에 그 법이 있었다면 혀 잘려나간 사람 엄청 많겠군요.

서로 입맞춤 하는 곳도 입술입니다. 사랑하는 사람 사이에서 제일 먼저 맞닿아 감정을 교환하는 곳이지요. 입술은 어머니 젖을 빨아 넘치는 모성애를 안고 있는 곳이기도 하구요. 애기 입술을 한번 보세요. 얼마나 천진한 모양인지요. 커서도 그 입술, 그 입, 그 혀를 그대로 간직한다면 맛 타령에 함부로 놀리는 혀는 되지 않겠지요.

바늘귀만큼의 차이로 맛있다, 맛없다 하면서 지구 오염을 가속시키는 맛 기행보다는 스스로 길러 해먹는 음식이 백배 천배 맛있습니다.

40. 내 인생의 파랑새, 친구

친구 없이 세상을 살아갈 수 없습니다. 돌아서면 보고 싶은 친구, 둘도 없는 친구가 몇이나 있으세요?

지구의 동반자로 물처럼, 공기처럼 옆에 친구를 두고 있는 사람은 행복한 사람입니다. 부르면 달려와주고 어려움에 처했을 때 그 어려움을 나눌 수 있는 친구, 수다를 떨며 살아가는 맛을 나눌 수 있는 친구, 멀리 있어도 그리운 친구를 과연 몇이나 꼽을 수 있나요?

친구는 나의 벗이기도 하지만 나는 또 그에게 벗입니다. 내가 그만큼 정을 듬뿍 주었기 때문에 그도 나를 그리워하는 것입니다. 끊임없이 친구를 향해 빛나는 우정의 화살을 쏘아댔기 때문에 그의 화살이 다시 내 과녁에 와서 꽂히는 것입니다.

어쩌다 만나도 친구는 서먹하지 않습니다. 오랜 친구는 금방 서먹함을 이깁니다. 친구가 있는 자리는 편안합니다. 마구 떠들 수 있고 마구 기댈 수 있습니다. 이 모두가 친구와 나 사이에 흐르는 정(情)이라는 강물이 있기 때문입니다. 그 강물은 항상 잔잔히 흐릅니다. 흘러넘치는 법이 없습니다. 그 강물에서는 고향의 냄새, 어린 동심의 냄새, 마을의 냄새, 학교의 냄새가 합쳐진 인정의 샘물이 만들어지고 있기 때문입니다. 나이 차이가 나도, 사는 방식이 달라도, 생각이 달라도 그는 나의 친구입니다. 나의 보완재입니다. 나의 솜털 이불입니다.

오랜 삶을 같이 산 부부는 절친한 친구 사이 같습니다. 서로가 서로를 인정하고 한 지붕 아래에서 도타운 정을 나누는 친구 같습니다. 서로를 위하고 보듬는 그런 친구 같은 부부가 오래오래 해로합니다.

너무 자주 만나면 친구 사이에도 금이 갈 수 있습니다. 적당히 서로를 그리워하는 시간이 있어야 도타운 우정을 새길 수 있습니다. 친구의 생각대로 내 생각을 가져가야 또 그 갈라진 틈을 메울 수 있습니다.

둘도 없는 친구, 함께 걸어가는 인생의 동반자, 어깨를 걸어 함께 걷는 동무, 외로운 삶의 길에 든든한 등대가 되어 내 곁을 지키고 죽어서도 함께할 친구, 그런 친구 어디 없나요?

친구에 목말라하는 이 시대의 어느 한켠에서는 속 다 빼주는 친구가 또 다른 외로운 친구를 애타게 찾고 있는지도 모릅니다. 부르면 한달음에 달려올 그런 친구를.

41. 이웃은 인정의 샘물 저장고

요즘은 이웃에 대한 관심을 끊고 사는 사람이 많지요. 모두들 먹고 살기 팍팍해 옆집에 누가 사는지, 무엇을 하는 사람인지 도통 알 생각을 하지 않습니다. 그들도 마찬가지구요. 그저 모른 채, 신경을 끄고 살아도 불편한 게 없고 오히려 그게 더 편할지도 모릅니다. 그런데 내가 갑자기 아파 쓰러지기 일보 직전이라고 합시다. 빨리 응급조치를 해야 하는 상황입니다. 119구조대가 올 때까지 기다릴 수도 없습니다. 가족은 아무도 없고 사람이라곤 옆집 사람뿐입니다. 엉금엉금 기어서라도 옆집 문을 두드려야 합니다. 그는 나에게 생명줄인지도 모릅니다.

식물도 다 이웃하면서 삽니다. 식물들은 햇빛과 양분과 물까지 나누며 이웃을 도와줍니다. 저 혼자 살지 못하는 자연계의 속성을 식물은 다 알고 있습니다.

혼자 갇혀 살다보면 그것에 익숙해져서 꼼짝 않고 사는 생활에 길들여지고맙니다. 하루 종일 불 켜져 있는 닭장에서 밤이나 낮이나 알만 낳는 케이지 닭과 별반 다를 게 없지요.

옛날이나 지금이나 시골에서는 먼 가족이나 친척보다 이웃이 더 가깝습니다. 이웃을 가장 먼저 챙깁니다. 제일 먼저 달려와줄 사람, 매일 보는 사람, 이웃이 있기에 무료하지 않습니다. 숟가락이 몇 개인지, 어떤 생각을 하면서 사는지 이웃은 다 압니다.

할아버지, 할머니에겐 이웃이 큰 버팀목입니다. 하소연을 하고, 아프면 병원에도 같이 가고, 텃밭 농사도 함께 짓는 이웃이 있어 하루하루 살아갈 수 있는 거지요. 또 그만큼 이웃에게 자신의 정성을 다하지요.

큰일이 있으면 이웃이 제일 먼저 달려가고 달려와줍니다. 자기 일처럼 달려와 힘든 일, 궂은 일을 마다하지 않지요. 바로 따뜻한 이웃의 정을 나누는 것입니다. 서로의 체온을 나누는 것입니다.

사람이 동물과 다른 점 가운데 하나는 정이 있다는 것입니다. 정이 있기 때문에 인간이 고등 동물로서 대우받고 문명을 발전시켰는지 모릅니다. 정은 삶의 에너지이자 원동력입니다.

이웃과의 정 나눔이 언제 끊길지 알 수 없습니다. 시골 어르신들다 돌아가시면, 시골이 없어지면 그나마 문화재급으로 남아 있는 이웃과의 정은 사라지게 될지도 모릅니다.

몽글몽글 솟아오르는 인정의 샘물이 고갈되면 사람은 다시 하등동물이 될지 모릅니다. 수렵 채취 시대로부터 다시 시작해야 할지 모릅니다. 그렇게 되기 전에 이웃과 인사도 자주 하고, 더 자주 내왕하고, 서로 정을 나눠 인정의 샘물이 다시 흐르게 해야 합니다. 한번 길을 트면 그 다음부터는 일사천리, 인정의 샘물이 흐르는 방향대로 따라가기만 하면 됩니다.

이사 간다고 우는 이웃, 멀리 가 있어도 찾아오는 옛 이웃, 콩 한 쪽도 나눠 먹는 이웃, 그저 옛이야기로 흘려버리면 우린 얼마나 소중한 것을 잃는 게 될까요?

42. 삶의 첫걸음마를 가르치는 가족

여기 사랑으로 뭉친 단란한 가족이 있습니다. 사랑이라는 끈으로 서로가 서로에게 묶여 있습니다. 어린아이이건, 남편이건, 아내이건, 그들의 늙은 부모이건 저마다가 가족 구성원에게 보내는 따뜻한 눈길은 서로에게는 양분입니다. 영양제입니다. 산소입니다.

숲에서 식물이 그들의 무한한 번식력을 뽐내는 것은 숲이 갖고 있는 따뜻한 모성애 때문입니다. 숲은 식물에게 모태이기 때문입니다. 사람에게 가족은 숲이며, 모태입니다. 가녀린 인간의 몸을 숨길 수 있는 곳도 가족입니다. 태풍과 비바람을 피할 수 있는 곳도 가족이라는 보금자리입니다.

가족이라는 울타리에는 영혼의 힘이 있습니다. 밖에 나갔던 가족들이 저녁 시간에 돌아와 따뜻한 밥 한 끼를 나누고 그날 일어났던 얘기들을 나누면서 애정이라는 따뜻한 이불을 나눠 덮고 휴식을 취합니다. 그리고 다시 다음 날 아침, 힘으로 충만해진 몸을 일으켜 집을 나섭니다.

나에게 힘들고 어려운 일이 닥치면 가족은 내 일처럼 여기고 해결해줍니다. 설사 해결할 수 없는 어려운 일일지라도 함께 아파하고 고민하고 짐을 나누어 집니다. 든든한 어깨를 조금씩 나누고 조화롭게 힘을 나누어 등짐을 집니다.

나와 피를 나눈 형제와 부모는 나의 분신입니다. 똑같은 유전자를 나누어 가졌습니다. 그러니 그들은 나와 한 몸이고 내 정신의 한 부분입니다. 가족 중 누군가 멀리 떨어져 있거나 먼 길을 떠났을 때 그를 걱정하며 매일 안부를 궁금해 하는 것은 내가 나를 걱정하는 것입니다.

사람은 가족에게서 살아가는 방식을 배웁니다. 어린아이는 형제의 말투와 행동, 부모의 가르침과 사려 깊은 행동, 할아버지 할머니의 인자한 성품을 따라하면서 한 가지씩 몸으로 체득해 자라납니다. 그것이 싹이 트고 열매를 맺어 사회인이 되고 독립적인 인격체가 됩니다.

40~50년 전만 해도 우린 대가족 안에서 살았습니다. 엄격한 부모, 따뜻하게 감싸주는 조부모 아래에서 가정의 질서를 익히고 정서

를 순화하며 세상을 살아가는 '배려하는 눈'을 키웠습니다. 어느새 바쁜 세상이 되어, 할아버지 할머니는 돌아가시거나 시골에 살고 바쁜 부모와 아이들만 도회지로 올라와 핵가족으로 살게 되었습니다.

가족이라는 수레바퀴가 삐걱거리기 시작합니다. 저마다 내가 먼저라고 합니다. 나 먹고 살기에도 벅차다고 생각합니다. 타인을 내 삶의 거추장스러운 존재로 생각합니다. 그러나 사람 많은 도회지에서는 어차피 거추장스럽게 생각하는 사람들과 부대끼며 살지 않을 수 없습니다. 사람을 피할 수 없습니다. 조금만 천천히 가면 거추장스럽게 생각했던 많은 사람들이 나 자신으로 보일 것입니다. 본래부터 있었던 '배려하는 눈'이 서서히 뜨일 것입니다.

대가족 제도를 부활시키자는 사람도 있습니다. 현실적으로 가능한 범위에서 할 수 있는 방법도 있을 것입니다. 바로 옆집에, 아니면 1, 2층에 부모님과 자식들이 함께 사는 방법도 있습니다. 가족에게서 삶의 에너지를 얻었던 옛 정서를 회복하면 지금보다는 한결 따뜻한 사회가 될 것입니다.

가족이 없는 사람은 어딘가 마음 한구석이 허전합니다. 우리는 저마다의 가족이어야 합니다. 가족이 없는 사람의 가족이 되어야 합니다. 넓게 보면 우리는 지구라는 가족공동체에 살고 있습니다. 바쁘게, 정신없이 살지 않아도 지구는 스스로 돌면서 태양 주위를 돌게 되어 있습니다. 지구라는 푸른 행성에 사는 모든 사람은 충분히 따뜻하게 살 권리가 있습니다. 모두가 따뜻한 체온을 갖고 있고, 서로 나눌 따뜻한 손이 있기 때문입니다.

　잠시 걸음을 멈추고 옆을 돌아보면 한 가족인 그가 웃으며 손을 건네지 않던가요? 충분히 따뜻한 내 손으로 그 손을 맞잡아야 하지 않을까요?

43.
바라보기만 해도 즐거운 부부이기를

서로 손잡고 길을 가는 부부의 뒷모습은 아름답습니다. 아옹다옹 싸워도 나쁠 때만 있었던 것은 아닙니다. 평화로운 시간도 많았지요. 따지고보면 사는 시간 동안 좋은 일이 더 많지 않았겠어요? 늘그막에 손을 맞잡고 산을 오르거나 장을 보러 오는 부부의 모습은 참 아름답습니다. 자잘한 상처는 다 녹이고 서로를 위하는 마음만 가득한 것처럼 보입니다.

서로 살아온 방식이 다른 두 사람이 20대나 30대쯤 만나 하나가 되어 부부라는 인연을 맺습니다. 그리하여 부부로 보내는 삶은 대체로 살아온 세월의 두 배 내지 세 배 정도가 됩니다. 한동안 다툼도 잦습니다. 살아온 방식이 달랐으니까요. 내가 잘났다, 네가 잘났다, 네 탓이다 하면서 티격태격하다가도 어느 정도 시간이 지나면 서로가 서로에게 동화되어 닮아갑니다. 오래 산 부부는 성격에서부터 얼굴까지 닮습니다.

어떤 사람은 시간이 지나고보니 포기하는 것이 많아지더라고 합니다. 상대방에게 기대하는 것, 원하는 것, 버렸으면 하는 것의 가짓수를 점차 줄여나가다 보니 살아지더라는 것이지요. 그 말은 곰곰 생각해보면 애정이 깊어졌다는 얘기와 같습니다. 말은 그렇게 했지만 더 깊이 그를 이해하고 사랑하게 되었다는 표현입니다.

혼인할 때 서로의 반쪽이 되었으니 검은 머리 파뿌리 되도록 서로를 위하여 살라고 서약을 합니다. "서로의 반쪽이 되었다." 그렇습니다. 남자와 여자는 왜 만나 함께 사는 걸까요? 남자도 여자도 온전한 하나가 아니기 때문입니다. 음양의 조화를 갖다 대지 않더라도 남자는 남자대로 독립적으로 살 수 없는 것이 너무나 많고, 여자도 여자대로 혼자 살 수 없는 것이 너무 많습니다. 남자가 부드럽습니까, 섬세합니까, 아이를 낳고 잘 키울 수 있습니까? 여자는 또 힘이 셉니까, 망치질할 수 있습니까, 위험에 잘 대처할 수 있습니까?

물론 위에 든 것은 몇 가지 예에 불과합니다. 남자보다 더 잘하는 여자도 있고, 여자보다 더 잘하는 남자도 있습니다. 그러나 대체로 여자와 남자가 만나면 서로의 부족한 것을 채워주는, 갖지 못한 것을 나눠주는 대체재, 보완재의 역할을 합니다. 종족 번식은 가장 중요하고 숭고한 과업의 하나이구요.

한없이 좋다가도 돌아서서 다시는 안 볼 사람처럼 행동하는 사람도 있습니다. '부부싸움은 칼로 물 베기'라는데 진짜 무 토막 자르듯 하고 갈라서는 사람도 많습니다. 성격 차이, 이상 차이, 요즘은 부부 사이 차이도 많습니다. 결혼하는 세 쌍 중 한 쌍은 이혼한다고 하지요. 무엇 때문일까요? 처음에 그렇게 좋을 때는 눈에 무엇이 씌어 하나도 안 보였던가요? 결혼할 때 했던 약속은 헌신짝 버리듯, 종이 한 장으로 치부하면 끝인가요?

아집을 버리면, 상대의 말을 경청하면, 남을 앞세우면 문제의 몇 가지는 풀릴 수 있습니다. 화가 머리끝까지 나 있는데 그런 것을 생각할 틈이 없다구요? 그럼 문을 박차고 나가 잠시 생각할 여유를 가져보세요. 남은 한 사람은 문을 박차고 나간 사람의 행동에 분노하기보다는 문을 박차고 나간 사실을 다행스럽게 생각하며 되돌아봅니다. 잠시 여유가 생긴 것이니까요.

사실 싸움은 아주 작은 것에서 시작됩니다. 그것이 구르면서, 감춰두었던 섭섭함까지 덧붙여져 커다란 눈덩이처럼 부풀게 되는 것입니다. 그것이 그렇게 큰일이었던가요. 조금만 여유를 갖고 생각해보면 내 마음을 옭아매고 있는 섭섭하고 불행했던 시간은 순간이었고, 행복하고 다정했던 시간이 대부분이었잖아요. 그걸 생각하지 않았던 것뿐이구요.

천천히 손잡고 숲길을 산책하는 부부의 뒷모습을 다시 봅니다. 그들은 서로 이렇게 얘기합니다. 우린 저 숲의 나무라고. 숨 쉬며 산소 내뿜어 숲의 공기를 정화하고 거대한 숲의 아름다움을 이루는 작은 알갱이라고.

그런 산소들이 모여 우리가 삽니다. 저마다의 부부는 인생이라는 숲을 산책하는 동반자로 오래오래 살아야 합니다. 그래야 사람이 숨 쉴 수 있는 산소를 내뿜을 수 있습니다. 서로의 반쪽을 인정하고 그의 공기로 내가 살고 내가 내뿜는 공기로 그가 살고 있음을 인정해야 합니다. 백 년도 못 살면서, 사는 동안은 앞으로 사랑의 숲을 어떻게 가꿀지, 어떻게 꽃피울지 설계해야 되지 않겠어요? 그렇게 하기에도 모자란 시간인 것을.

44. 한 그루 나무로 커가는 아이

여자는 위대합니다. 태초의 여자 이브가 지닌 원죄의 업보라고는 하지만 성스런 출산을 하는 것은 여자니까요.

출산의 고통을 겪어보지 않고는 여자의 고통을 이해할 수 없다고 합니다. 여자의 출산 덕분에 신비로운 인간 역사를 이어갈 수 있습니다. 이것 하나만으로도 여자들은 세상에서 보호받고 존경받아 마땅합니다.

요즘은 출산할 때, 남편도 산실에 들어가 산고의 고통을 함께 나눈다고 하지요. 실은 남자도 출산과 비슷한 심리적 육체적 변화를 아내와 동시에 겪는다고 하더군요.

그리하여 이제 한 부부의 사랑의 열매인 아이가 태어났습니다.

기절할 듯이 울면서 아이가 태어납니다. 태어나는 것도 고통 속에서 나오는 것일까요. 발가벗고 이 세상에 온 아이는 천사의 모습입니다. 어느 별에서 떨어진 날개 없는 천사입니다. 기껏해야 4kg 안팎입니다. 아이는 점점 자라 옹알이를 하고 기어다니고 서고 걷고 말을 배웁니다. 어머니 품에서 젖을 먹고 그리고 사물을 알아갑니다. 자신의 정서를 키워나갑니다.

아이는 부모에겐 분신입니다. 자신들의 최고 가치입니다. 세상에 자신들이 온 존재가치를 확연히 깨닫게 해주는 실체를 보고 있는 것입니다. 그러니 애정이 듬뿍 담길 수밖에요.

아이는 꼭 부모를 반반씩 닮았습니다. 커가면서 엄마나 아빠 중 한 사람의 습성을 따라할 땐 깜짝 놀라지요. 아이는 엄마, 아빠의 모습과 행동을 따라하면서 사회성을 키웁니다. 말투도, 행동도, 습관도 그대로 따라합니다.

옛 어머니의 자식 사랑만큼 대단한 사랑도 없습니다. 거의 무조건적인 사랑입니다. 헌신입니다. 낳고 젖 먹여 키운 모성애 이상의 거의 무아의 세계입니다. 자기 자신은 없습니다. 때때로 그런 어머니에게 자식이 상처를 입히고 말썽을 부려도 어머니는 그 넓은 자애의 품으로 감싸 안습니다.

동물들은 새끼를 낳고 독립하기 전까지는 부모로서 도리를 다하지만 독립할 나이가 되면 철저히 혼자 사는 법을 익히게 해주고는 둥지에서 내쫓습니다. 커서는 철저히 독립적으로 살아가는 것이 동물 세계지요. 그렇지만 우리 인간들은 아이가 자라도, 사회인이 되어도 오매불망 연민의 정과 자식 사랑의 끈을 놓지 못하고 과보호의 사슬로 동여매고 있습니다. 그래서 요즘 더욱 유약한 사람, 판단력과 결정력이 없는 사람이 늘어난다고 합니다.

아이가 스스로의 판단력으로 사물을 보고, 독립적으로 자랄 수 있도록 조력자의 역할을 하는 것이 부모입니다. 커서 혼자 날 때가 되어서는 부지런히 날아 세상 넓은 것도 보고, 먹이도 스스로 찾고, 짝도 스스로 찾아 둥지를 마련해야 합니다. 부모 또한 언제까지 아이 뒷바라지하면서 자신의 소중한 삶의 시간을 허비할 수는 없습니다. 사람일수록 더 철저히 독립적인 한 개체로 일어서야 하는 것입니다. 비뚤어진 자식 사랑이 자녀들의 앞날을 방해할 수 있지요.

자식은 부모의 분신이지만, 스스로 자라는 한 그루 나무입니다. 햇빛 많이 받도록 가지 뻗고 잎새 많이 달리게 하는 것은 스스로의 몫입니다. 옆에서 북돋아주고 용기 주는 것이 부모의 역할이구요. 그렇다고 자식과 부모의 애정의 고리가 끊어지는 것은 아니구요. 오히려 더욱더 울창한 가족의 숲을 만들어갈 수 있답니다.

45. 어머니 아버지 날 낳으시고

    어머니, 아버지를 생각하면 늘 아련합니다. 자라면서 받은 부모님의 헌신은 무엇으로도 갚을 길이 없습니다. 부모님의 은혜를 마냥 받기만 했습니다. 그저 그분들은 주고 자식들은 받는 것을 당연한 일상으로만 생각했습니다. 철모를 때는 그렇지요. 그런데 그 자식들이 커서 결혼해 아이를 낳고 키워보니 아이들은 쉽게 키울 수 있는 게 아니었습니다. 그래서 부모님에게 받은 사랑이 더욱 높아만 보입니다. 사람은 다 겪어봐야 느낄 수 있는 것 같습니다.

    '내리사랑'이라고 합니다. 부모님이 보여준 내리사랑은 갚을 길이 없습니다. 철이 들어 부모님에 대한 고마움을 표현하려고 해도 그분들은 이미 다른 세상으로 가 계시거나, 자식들은 생활이 바쁘고 먹고살기 힘들어 마음뿐일 때가 많습니다.

　세월 참 무상합니다. 곱고 젊었던 어머니의 모습은 벌써 할머니의 모습으로 변해갑니다. 아버지의 주름살은 더욱 깊게 패였습니다. 어머니의 손을 자세히 들여다봅니다. 그 곱디고운 손이 이젠 투박하고 거칠하고 조막만 해졌습니다. 배 아프다고 하면 쓱쓱 "내 손이 약손이다" 하면서 아픈 배를 쓸어주던 그 손. 이젠 쓸어주지도 못합니다. 손이 거칠어져 배에 올리면 더 쓰라릴 것만 같습니다. 아니 이제 배 아프다고 내가 배를 내밀지도 않습니다.

　부모님들은 참 힘들게 어렵게 살아왔습니다. 힘든 시대의 고난을 다 겪으며 자기는 없이 오로지 가족을 위해 평생을 살아왔습니다. 어디 먹을 것을 제대로 먹어보았을까요, 여행 한번 제대로 했을까요. 자식 입에 좋은 음식, 맛난 음식 들어가는 것을 낙으로만 알고 살아왔습니다.

　말수 적은 아버지, 가정경제의 무거운 짐을 지고 한 번도 내려놓지 않습니다. 큰 보호막이었습니다. 그 나무 그늘에서 가족들이 편히 숨을 쉬었습니다. 보이지 않는 아버지의 가르침이 아이들 몸속에 알게 모르게 젖어듭니다. 말씀 많이 하지 않아도 그 뜻이 다 통했습니다. 자애로운 아버지 밑에서 자식들은 세상 넓은 줄 알고 그 넓은 세상에 손을 뻗쳤습니다.

　때때로 잔소리 많은 어머니, 그 잔소리를 가르침으로 먹고 자식들이 자랐습니다. 가정 대소사에, 자식 뒷바라지에 몸이 열 개라도 모자란다는 말씀을 항상 입에 달고 있으시지만 가정일, 식사 준비를 감쪽같이 해놓습니다. 부지런한 어머니 아래에서 자식들은 열심히 일하는 법을 배우고 가정에 헌신하고 봉사하는 법을 배웁니다.

어머니, 아버지는 무얼 바라는 법이 없습니다. 무엇 하나도 자식이 우선입니다. 무슨 이런 인연이, 이런 희생이 있을까요?

이젠 손자 커가는 것 보면서 편히 계시라고 해도 끊임없이 손자에 대한 사랑으로 이어지는 부모님 사랑. 한 분뿐인 부모님에게 나는 어떤 존재인가요. 내가 얼만큼이나 부모님을 생각하고 사는지 돌아볼 일입니다.

추운 날, 벌어진 문틈 사이로 외풍이 쑹쑹 들어오는 방에서 기름을 아끼기 위해 우리의 부모님이 웅크리고 겨울을 나고 있는지도 모릅니다. 고생만 하고 이제 늙어 힘없어진 그 가냘픈 몸으로.

46. 동료는 하루 중 가장 오래 만나는 사람

하루에 8시간 이상 직장에서 일하는 사람이라면 하루 중 가장 많은 시간을 만나는 사람이 직장 동료입니다. 직장의 끈으로 만나 그 많은 삶의 시간을 함께 보내는 동료지만 무심히 일 관계로만 바라보는 사람이라면 얼마나 무의미한 관계가 될까요.

하루의 대부분을 보내게 되는 직장일은 업무 스트레스와 사람 관계에서 오는 걸림돌이 참 많습니다. 그래서 직장인은 술로 스트레스를 풀고 취미나 운동, 오락으로 풀기도 합니다.

직장 동료는 내 가족 이외에 나와 가장 가깝게 있는 사람입니다. 스트레스를 푹푹 주는 상사라도, 업무를 가중시키는 후배라도 그들은 보기 싫어도 봐야 하는, 바로 내 일터에 있는 사람입니다.

오늘 하루 그를 보지 않았으면 하지만 그가 결근하지 않으면 매일 그의 얼굴을 보아야 합니다. 그러니 이젠 그 사람을 보기 싫어하는 내 마음을 먼저 고치지 않으면 보기 싫다는 그 마음의 스트레스를 하나 더 갖고 그것에 억눌려 매일매일 고통스럽게 시간을 보내야 합니다. 혼자 살 수 있는 사회도 아니고 집에서 일하는 재택근무자도 아니라면, 그가 내 마음 공부를 시키는 스승이라고 생각을 고쳐먹어야 합니다. 그게 현명한 방법입니다.

우울할 때, 힘들 때 우린 동료에게 고민을 털어놓기도 하고 위안을 얻기도 합니다. 언제든 바로 옆자리에 있기 때문입니다. 일에 치여, 바쁜 시간에 치여 그가 어떻게 어떤 마음으로 사는지 잘 몰라도 시간을 내달라고 하면 언제든 달려올 사람, 바로 옆 동료입니다.

지친 마음을 위로해줄 동료를 만드는 것이 지금 급선무입니다. 동료의 지친 마음을 위로해줄 내 준비 자세를 갖추는 것이 우선입니다. 그는 나의 동료이지만 나도 그의 동료입니다. 내 것만 챙기지 않고 내가 아는 것을 동료에게 전하다보면 그가 아는 것은 배가 되어 나에게 돌아옵니다.

직장을 떠나거나 부서를 옮기면 다시 언제 볼지 알 수 없습니다. 그러나 그 인연은 내가 마음먹기에 따라 달라집니다. 내가 그에게 둘도 없는 동료가 되었을 때는 언제든 볼 수 있는 동료가 됩니다. 그리고 어디를 가든 그 동료가 앞장서 내 사회의 앞날을 열어줍니다.

경력이 쌓이면 사회에서는 큰 대우를 해줍니다. 경력이란 무엇일까요? 업무의 노하우를 많이 알아 일처리를 능숙하게 하는 것을 경력으로 알고 있다면 반만 알고 있는 것입니다. 바로 사람입니다. 신입사원보다 더 많은 사람을 알고 있고 더 많은 사람을 상대할 수 있는 자신의 노련함이 쌓였다는 것입니다. 그중 하나가 바로 직장 생활하면서 알게 된 동료를 많이 만들었다는 것입니다. 그것을 내 경력의 이력서에 써 넣을 수 있는 것입니다. 사람이 사람을 끌어주고 사람이 내 인생의 길을 열어줍니다. 나쁜 동료, 다시는 안 볼 동료를 하나 더 만든다면 내 경력의 폭은 좁아집니다.

사회는 점점 인간성이 고갈되어 간다고 합니다. 기계에 의존하고 컴퓨터가 일을 알아서 다 해주니 사람과의 교감이 없어도 사회가 굴러가기 때문이라지요. 그러나 미래학자나 세계 석학들은 지식사회에서는 인간성과 인성을 갖추어야 한다고 강조하고 있습니다. 그런 인간이 바람직한 회사인간으로 요구된다는 것이지요. 적을 동지로 만들고 한번 만난 동료를 끝까지 내 인생의 동반자로 여기고 함께 가는 사람이 미래가 요구하는 사회인의 모습입니다.

따뜻한 직장, 인간성으로 뭉친 동료들이 에너지 가득한 회사를 만들고 따뜻한 사회를 만듭니다.

47.
참 스승은 어디에서 무엇을 하시는지

당신에게 인생의 스승은 누구입니까? 참 스승이 없는 시대에 살고 있다고 합니다. 누구나 인생의 길을 활짝 열어주는, 마음의 길을 넓혀주는 스승을 기다립니다. 그러나 스승은 오지 않습니다. 기다려도, 기다려도 오지 않습니다. 책에서 지혜를 얻고, 많은 물음을 되풀이하여 혼자 진리를 탐구하지만 답은 멀고 갈 길은 아득합니다. 어딘가에 있을 스승을 찾아 길을 나섭니다.

주유천하(周遊天下)를 해보면 곳곳에 스승이 있습니다. 길에서 만나는 모든 사람이 스승입니다. 내가 알지 못하는 것을 알고 있는 사람은 모두 스승입니다. 어린아이도 내 스승이요, 어부도, 농부도, 공장근로자도, 시골 할아버지도 모두 내 스승입니다.

내가 내 머리빡을 때리며 "깨달았도다" 하지 않는 것일 뿐, 만나는 그들은 모두 내 머리빡을 아프게 치면서 깨달으라고 소리칩니다. 거리에 넘치는 스승을 우리가 몰라볼 뿐입니다.

무릇 앞에 앉혀놓고 자분자분 길을 가르쳐주는 스승은 없습니다. 스승도 갈 길이 바쁘고 해야 할 일이 많은데요. 길에서, 직장에서, 가정에서, 차 안에서 만나는 스승들이 가르쳐주는 진리를 스스로 알아서 주워 담아야 합니다. 길에 떨어졌다고, 쓰레기통에 구겨 넣었다고 내가 무시하고 안 보려고 했으니 배울 것도 배우지 못하는 것입니다.

학창시절, 하나라도 더 가르쳐주려고 했던 스승들, 인생의 길을 열어주고자 했던 스승들만이 스승이 아닙니다. 그들은 지혜의 스승입니다. 이제 그 지혜의 스승들은 만났으니 삶의 스승을 만나야 할 차례입니다.

참 스승 한 분만 제대로 만나도 인생은 더 풍요로워진다고 합니다. 지식의 스승은 기억에 오래 남지 않습니다. 수학 공식, 영어 철자 잘 가르친 스승은 그저 지식의 전달자일 뿐입니다. 인생의 길을 풍부하게 해준 스승, 스스로 길을 넓힐 수 있는 세상 이치를 깨닫게 해준 스승이 오래 기억에 남습니다. 학생의 고민을 함께 아파하고 파도치는 세상의 바다를 유유히 항해하는 인생 항해술을 가르쳐준 스승이 참 스승입니다. 그런 스승을 만난 사람은 그의 가르침대로,

스승의 등대로 불 밝혀 목적지를 향해 순항합니다. 그 스승의 가르침을 잊지 않습니다.

세 사람이 길을 가면 그중에 반드시 스승으로 삼을 만한 사람이 한 사람이라도 있다고 했습니다. 그 스승을 발견하는 것은 내 몫입니다. 내가 "뭐 이래", "나이도 어리고 직업도 천하고……" 하면 그 스승은 바삐 길을 재촉해 내 시야에서 멀어질 뿐입니다.

아이들은 눈에 보이는 대로, 생각나는 대로 말하고 행동합니다. 가식에 가득한 어른의 머리통을 후려칩니다. 동심의 세계, 순수한 마음으로 세상을 바라보고 행동하면 세상에 나쁜 죄악이 있을까요. 어린이는 어른의 스승입니다. 밭에서 땀 흘려 곡식을 거두는 농민, 고기를 잡는 어부, 우리에게 필요한 것을 만드는 공장 일꾼, 삶의 지혜와 아름다운 인간의 정서를 가르쳐주는 시골 할아버지도 모두 우리의 스승입니다.

보고도 배우지 못하면, 가르쳐주는데도 알아듣지 못하면 그건 인생 학습자의 태도가 아닙니다. 나에게 필요한 것만 찾으려고 해서는 삶이 풍요롭기는커녕 오히려 힘들고 단조로움만 되풀이됩니다.

삶의 지혜에 귀 기울이고, 내가 먹는 것과 내가 지금 마시는 이 공기와 물과 바람과 비와 별과 햇빛이 어디에서 왔는지 답을 찾아 궁구하다보면 세상은 온통 알아야 할 것 천지입니다. 자세히 들여다보고 살펴보면 사람만이 스승이 아니라 자연 사물 하나하나, 심지어 이름 모를 풀 한 포기도 내 대갈빡을 후려치며 호통치는 스승입니다. 땅에 굳건히 두 발 딛고 화려한 꽃을 피우라고, 단단한 열매 맺으라고.

48. 나 자신을 잊고 사는 건 아닌지

자신을 잊고 사는 건 아닌지 모르겠습니다. 자신이 어디 있는지, 자신을 돌아볼 틈도 없이 살아온 것은 아닌지 모르겠습니다. 나 자신은 그대로 여기 있는데 왜 우리는 느끼지도 않고, 소중하게도 생각지 않고, 그저 무덤덤하게 자신을 바라볼까요? 가장 가까이에 있는 자신을 너무 홀대하고 무시하고 정을 주지 않은 것은 아닐까요.

자신의 그림자를 언제 쳐다본 적이 있나요? 자신의 가장 친한 친구인 그림자는 항상 따라다니며 자신을 지킵니다. 행여 마음이 다칠세라 보초를 서고, 위험에 놓일세라 방어벽을 칩니다. 그러나 우린 우리 자신에게 무엇 하나 해준 것이 없습니다. 먹고 자고 입고 하지만 건성건성입니다. 매일 그렇게 했으니 오늘도 또 그렇게 할 뿐입니다.

"자신이 없다"는 말을 합니다. 진짜 자신이 없는 걸까요? 자신이 없으면 지금 이 몸은 무엇이고 이렇게 생각하는 이 정신은 또 누구입니까? 자신은 있는데 없다고 마음이 시키는 것이지요. 용기가 없는 것이지요. 마음이란 원체 분탕질을 잘해서 항상 자신과 싸웁니다. 유혹과 혼란으로 갈피를 못 잡게 하는 것이 마음입니다. 그래서 그 마음을 잘 잡고 다스리는 것이 자신을 잘 지키는 길이 됩니다.

참 바삐 삽니다. 바쁘지 않으면 세상 하루도 못 살 것처럼 입에 연신 "바쁘다, 바빠"를 달고 다닙니다. 마치 그렇게 살지 않으면 세상이라는 조각배에서 떨어져 바다 한가운데 추락할 낙오자처럼 보입니다. 그래서 잘 살아졌습니까? 편안해졌습니까? 바쁜 일은 더 바쁜 일로 이어지고 온통 무엇을 위해 사는지 헷갈립니다. 그래서 자신을 잊고 살았다고 합니다. 자신이 없다고 합니다.

지금 자신이 가장 하고 싶은 일은 무엇일까요. 자신이 시키는 일은 무엇일까요? 하루 일과 중 자신이 가장 원하는 것은 무엇일까요. 하고 싶은 일 목록의 제일 첫머리에 오는 것은 무엇일까요. 그 목록을 짜봅니다. 한두 가지만 남기고 나머지는 당장 지웁니다. 너무 많은 일을 하려고 하면 또 다른 일의 훼방꾼이 나타나 그림자를 헤치고 자신을 무찌릅니다. 그 한두 가지 일에만 집중하는 것입니다. 그렇게 하다보면 자신이 보일 것이고 자신을 찾을 수 있을 것입니다.

아니 실마리라도 제공할 것입니다.

자신을 위해 건강한 먹을거리를 먹겠다고 약속합니다. 그럼 일부러 유기농 음식을 찾고 그것을 어디서 구할 수 있는지, 그리고 그것이 어디에서 왔는지 찾게 됩니다. 자신을 위해서는 그 정도 수고를 아끼지 않아야 합니다. 그럼 자신이 안정을 찾습니다.

주말에 자연으로 나가는 일을 약속합니다. 자신이 그렇게 시키는 것입니다. 그럼 자신을 위해 계획을 세우고 짬을 내고 자연으로 나갑니다. 그리고 자신에게 한 약속을 보상받습니다. 일은 멀어지고 머리가 상쾌해지고 삶의 충전으로 활기를 얻습니다. 자신을 찾은 것입니다.

저마다 잊어버린 자신을 찾는 방법을 고안해내야 합니다. 매번 이렇게 살다가는 죽도 밥도 안됩니다. 시간은 그리 많이 남은 것이 아니고 잠시 멈추어주지도 않습니다. 자신도 이제 참을 만큼 참았습니다. 나쁜 음식에, 매연에, 정신없는 일거리, 술, 향락, 정신이 하나도 없습니다. 토요일, 일요일 쉰다고 하지만 소파에 몸을 누이고 리모컨만 돌리고 있습니다. 활기 넘치는 자신을 잠재우고 있습니다. 자신은 무료함을 제일 싫어합니다. 나 자신이 누군지 모른다는 것에 모든 문제의 원인이 있습니다. 육체적 존재라고 믿는 한 물질적 방식으로 욕구를 풀려고 합니다. 매일 이런 생활이라면 자신은 스스로 당신의 몸에서 빠져나갈지도 모릅니다.

무엇을 가장 먼저 생각해야 할까요? 살면서 가장 고맙게 생각해야 할 것은 무엇일까요? 바로 자기 자신입니다. 한 번뿐인 삶, 자기 자신과 내 몸은, 내 영혼은 딱 한 번 나와 인연을 맺어 이렇게 한 삶을 살다가 갑니다. 그 삶이 온통 혼란스럽고, 정신없고, 고통뿐이라면, 의미를 찾지 못한다면 자신에게 너무 큰 죄업을 쌓는 것이 아닐까요?

자신을 사랑하고 자신이 하라는 대로 하는 것, 무엇보다 가장 먼저 해야 할 자신의 일입니다.

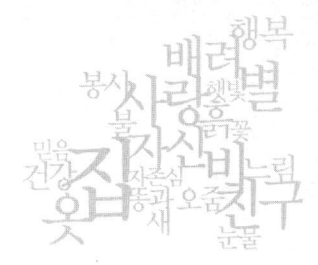

내 삶을
풍요롭게 하는

"어떤 기쁨을 자신에게 얽매는 자는 날개 달린 삶을 망친다. 그러나 날아가는 기쁨에 입 맞추는 자는 영원의 해돋이 속에 산다."

_윌리엄 블레이크

"자신이 누구인지 알 때 얻는 기쁨이, 가장 고등한 물질문명이 제공할 수 있는 그 모든 쾌락보다 백만 배는 더 크다."

_우파니샤드

사람의 의식 세계는 넓고도 깊습니다. 광대무변의 세계라 감히 어느 누구도 함부로 얘기하지 못합니다. 잡으려고 해도 잡히지 않습니다.

삶을 풍요롭게 하는 것은 물질이 아닙니다. 물질 저 너머, 물질을 지배하는 인간 의식의 영역에 속하는 것입니다. 어떤 생각을 하면서, 어떤 마음가짐으로 희망을 노래해야 할까요? 좋은 생각만 하면 됩니다. 아름다운 노래만 하면 됩니다. 절망이 있는 곳에 희망을, 슬픔이 있는 곳에 기쁨을 대신 심으면 됩니다. 버리면 더 얻고, 주면 더 받습니다. 이 작은 철칙을 우린 왜 실천하지 못할까요?

마음속 기쁨의 원천을 알아가는 이 발걸음이 어찌 소중하지 않을까요? 삶을 풍요롭게 하는 의식, 단단해져야 합니다.

49. 사람을 사랑합니다

인류 최고의 덕목은 바로 사랑입니다. 사람은 사랑이라는 먹이를 먹고 자라는 동물입니다. 모두가 가지고 있고 누리고 있음에도 모두가 굶주려 합니다. 사람과 사랑은 발음도 비슷합니다. 먹어도 먹어도 배부르지 않고 자꾸만 찾는 것이 사랑입니다.

사람은 사랑이라는 맑은 샘물에 슬쩍 빠뜨렸다가 건져낸 것인지도 모릅니다. 그런데 사랑뿐만 아니라 질투와 시기도 주렁주렁 달려 나왔는지 모릅니다. 항상 사랑에 목말라 샘을 찾지만 샘물은 아주 조금씩만 흘러갈 뿐입니다. 그리고 질투도 항상 그 언저리를 맴돕니다.

사랑이 없으면 사람은 살 수 없습니다. 사랑은 따뜻한 옷입니다. 이불입니다. 물입니다. 밥입니다. 공기입니다. 매일매일 입고, 먹어야 살 수 있습니다.

사랑이 가득한 사람은 항상 인자하고 웃음 가득하고 평화롭습니다. 인내와 친절이 그 사람을 가득 감싸고 있습니다. 그가 피어대는 사랑의 향기는 너무도 달콤하여 멀리에서도 그 향기가 진동합니다. 그 전파력이 대단합니다. 그러나 사랑이 없는 사람은 메마르고 사나우며, 주위 사람 모두를 불편하게 합니다. 하지만 그도 잠시 질투와 시기가 사랑을 가리고 도드라져 있을 뿐, 천성에 사랑이 없었던 것은 아닙니다. 아집이 줄면 사랑이 늘어납니다.

사랑의 마음을 오래도록 유지하는 것이 사람의 숙제입니다. 우리는 항상 사랑 가득한 것을 꿈꿉니다. 사랑이 가득한 사람, 사랑이 가득한 가족, 사랑이 가득한 사회와 나라를 꿈꿉니다. 그러나 사랑은 꿈꾼다고 찾아오는 것이 아닙니다. 저마다의 사랑 덩어리인 사람이 자신이 가진 사랑의 향기를 내뿜어 어둠과 절망과 불행을 걷어내야 비로소 사랑이 오는 것입니다.

상대를 앞세우는 것이 사랑입니다. 나보다 남을 먼저 앞세우는 것입니다. 그리하여 사람은 사랑하는 사람의 행복에 기여하고 싶어 하는 본능이 있습니다. 그걸 발견하고 내세우는 사람은 사랑이 가득한 사람입니다.

사람을 사랑합니다. 어머니를 사랑하고 아버지를 사랑하고 형제를 사랑하고 이웃과 사회에 알고 있는 모든 사람을 사랑합니다. 그럼 사랑 가득한 사회가 됩니다. 특히 한 남자와 한 여자가 특별히 사랑할 때, 둘이 맺어져 사랑의 열매를 세상에 내놓습니다. 사랑의 소산인 아이는 또 얼마나 거룩한지요. 그 사랑의 열매가 인류를 이어갑니다.

사랑만이 가득할 때 어떤 틈도 없는 듯 향기 나고 희망의 나비들이 진을 칩니다. 그러나 사랑이 최고조로 있을 때는 어김없이 시기와 질투가 슬금슬금 다가옵니다. 그들은 밝은 웃음과 평화로운 풍경을 잠시도 보고 있지 못합니다. 어떤 틈이라도 비집고 들어와 훼방을 놓습니다. 하지만 상처는 조금 입을지언정 사랑이 포기하고 돌아서는 법은 없습니다. 사랑이 지는 법은 없습니다.

"사랑이 식었다"고 말하지만 원래 사랑이 식은 것이 아닙니다. 사랑은 그 자리에 그대로 있고, 다만 관심이 멀어졌다는 것입니다. 그러니 관심만 돌리면 그 사랑의 불을 다시 환히 밝힐 수 있는 것이지요.

사랑의 영양분을 먹고 사람이 자랍니다. 누구나 사랑의 공기를 내뿜고 있으므로 쉼 없이 사랑의 공기가 고갈되지 않도록 사랑의 숨을 많이 쉬어야겠습니다.

수많은 사람들이 사랑에 웃고, 울고 있습니다. 수많은 사람들이 사랑에 대해 얘기하고 노래하고 글을 씁니다. 인류 공통의 주제가 바로 사랑이기 때문입니다. 사랑의 종류는 실로 다양하고 가늠조차 할 수 없는 깊이가 있습니다.

항상 놓치지말아야 할 것, 사람에 대한 사랑입니다. 세상에 대한 사랑입니다. 남이 있어 내가 행복한 것이므로 남을 위한 사랑의 화살을 끊임없이 쏘아야 합니다. 남에 대한 배려의 끈을 놓지 않아야 사랑이 여전할 수 있습니다. 물, 공기, 햇살, 바람, 돌, 나무와 같은 것들이 없으면 내가 숨 쉴 수 없으니 그들에 대한 사랑의 화살도 쉼 없이 쏘아대야 합니다. 그래야 우리의 사랑이 온전할 수 있습니다. 그래야 내 가족에 대한 사랑, 남녀의 사랑도 그대로 유지될 수 있습니다.

사랑, 언제까지나 우리가 지켜야할 최고의 가치입니다. 사랑은 우리의 본성입니다.

사랑은 언제까지나 우리 곁에서 우리를 지켜줄 것입니다. 사람을 사랑합니다.

50 건강하게 오래 사는 법

건강보다 더 소중한 것은 없다고 합니다. 그렇지요. 내 한 몸 건사 잘해야 좋은 세상 볼 수 있으니 말이지요. 몸이 건강해야 자신이 이룬 것 다 누릴 수 있습니다. 건강해야 마음먹은 것, 생각한 것 다 할 수 있습니다.

건강을 지키기 위해 사람들은 참 무던히도 노력합니다. 건강이 재산이라고 하니 기를 쓰고 지켜야지요. 소중하지요. 건강을 지키면 평온한 마음이 따라올까요, 마음을 잘 지키면 건강이 따라올까요? 무엇이 먼저인지는 모르겠지만 사람들은 저마다의 방식대로 건강을 지킵니다. 그런데 이것 하나만은 분명한 것 같습니다. 건강을 지키는 데는 건강한 마음이 제일 우선이라는 것. 마음이 허약하면 건강은 물텅이입니다. 허약체질입니다. 그래서 몸도 튼튼, 마음도 튼튼입니다.

생각해보면 우리는 살면서 매일 건강을 해치는 것과 마주치면서 그것들을 매일 먹고 있습니다. 나쁜 음식을 먹고, 스트레스를 먹고, 과음, 폭식, 편식, 흡연, 농약, 매연, 그리고 나쁜 생각들을 먹으면서 몸도 마음도 병들어가고 있습니다. 이런 것은 나와 멀리 있어 내 문제가 아니고, 나하고는 상관없다고 생각하는 안일함이 문제입니다. 내가 매일 먹고 아파하는 것들입니다. 모두 내 문제입니다.

건강을 지켜주는 것들은 무엇일까요? 건강한 음식, 웃음, 단란한 가족, 평화, 좋은 생각, 배려와 같은 것입니다. 이런 것들은 나에게 충분하다, 나는 늘 신경 쓰고 있으니 괜찮다 하고 생각하는 것이 문제입니다. 어느 누구나 건강을 지키는 이런 좋은 것들은 부족합니다.

건강할 때 건강을 지키라고 합니다. 활기 넘치는 새로운 장기로 교체하지 않는 한 건강이 나빠진 뒤에 원상 복구하는 것은 어렵다고 합니다. 더 이상 나빠지지 않도록 하는 것이 현대 의학의 치료 목적이기도 하구요.

가장 건강할 때는 바로 어머니 뱃속에서 갓 태어났을 때입니다. 그저 순진무구한 그 모습이 가장 건강할 때입니다. 아무 생각 없이 먹고 자고 싸는 일만 본능적으로 하는 것. 기쁘면 웃고, 배고프고 슬프면 울고, 잠 오면 자는 그때가 인간에게 가장 건강한 한때입니다. 살면서 사람을 알고 사물을 알고 음식을 알고 관계를 알고 욕구를 알게 되면서 건강을 해치는 것도 동시에 몸 안에 들어와 자리 잡는 것입니다.

그러니 건강을 지키는 가장 좋은 방법은 어릴 때부터 건강해지는 것입니다. 어릴 때부터 가급적 독성 물질이 들어가지 않은 건강한 음식을 먹고, 건강한 생각에 건강한 교육, 건강한 사회를 알게 하는 것입니다. 그러나 그것이 어디 말처럼 쉽겠어요.

최소한 어린아이에게만은 깨끗하고 건강한 음식을 먹여야 합니다. 바쁘다고 인스턴트식품과 조리하기 쉽도록 가공 처리된 음식으로 밥상을 차리는 부모는 큰 죄를 짓는 것입니다. 재료값이 싸다고 국적불명의 불안전한 식품을 아이들에게 급식하는 담당자들은 큰 죄를 짓는 것입니다. 아무 거리낌 없이 돈만 벌면 된다고 음식에 먹지도 못하는 색소를 입히고, 방부제 마구 넣고, 독성 가득한 식품첨가제 마구 넣고, 위생 처리도 엉망으로 하는 식품수입업자들 모두 부모 될 자격이 없습니다.

마음이 건강한 사람들은 그런 것에 좌우되지 않습니다. 생명 가득한 음식을 아이들에게 하나라도 더 먹이기 위해, 생명 가득한 농산물을 만들기 위해 노력합니다. 자연 건강한 몸이 따라옵니다.

늙고 병들어 땅을 치고 후회해도 소용없습니다. 건강을 돈 주고 살 수도 없습니다. 저승 갈 때 여비로도 못 쓰는 재물, 건강하지 못하면 휴지 조각일 뿐입니다. 건강하지 못한 생각과 행동은 결국 부메랑이 되어 자신에게 다시 돌아오고 자신의 아들이나 그 아들의 아들에게 돌아옵니다.

건강을 건강할 때 지키는 지름길은 먼저 마음을 건강하게 제대로 쓰는 것입니다. 욕구를 최소한으로 줄이고 단순하고 소박하게 살면 자연스럽게 건강이 따라옵니다. 건강한 몸으로 장수하는 사람들은 다 시골에 사는 사람들입니다. 욕심 없이.

51. 믿음이 주는 강력한 힘

믿음은 쌍방향입니다. 일방일 수 없습니다. 누가 누구를 믿는다는 것, 믿게 해주어야 하고 믿을 수 있는 것을 보여야 믿는 것이지요. 안 보고도 믿는다는 것은 이미 그전에 믿을 수 있도록 많이 보였기 때문이지요.

'믿음이 부족한 사회'라고 합니다. 어느 한쪽이 믿지 못하도록 했기 때문입니다. 사람이 사람을 믿지 못한다는 것은 큰일입니다. 그토록 사람에게서 배신을 많이 당했나요? 넌덜머리가 날 정도인가요? 따지고보면 사회가 건강하지 못해, 전체 사람을 싸잡아 사람 믿지 못한다고 하는 사람도 있습니다.

우린 최근 몇 년간 첨단과학의 시대, 개발의 시대를 거치면서 남과 이웃을 돌아볼 시간도 없이 쉼 없이 달려왔습니다. 오로지 내 앞의 일, 혼자 하는 일도 엄청난 양이었습니다. 그래서 나만 아는 '이기주의'가 현대물질문명의 병폐로 나타났습니다. 나 혼자서도 잘하고, 나보다 더 나은 사람이 별로 없으니 남과 소통할 이유가 별로 없었습니다. 그리하여 사회 전체의 '혼자서도 잘 놀아요' 병이 신뢰를 깨뜨린 것입니다.

자동차 수리점에 가면 자동차를 들어 올리고 그 아래에서 일하는 사람이 있습니다. 차를 들어 올리는 사람과, 차 아래에서 일하는 사람 사이에는 서로 믿음이 있습니다. 믿지 못하면 아래에서 일하는 사람은 수시로 바깥으로 나와 차가 혹시 떨어지지 않는지, 그가 버튼을 잘못 누르는 것은 아닌지 살펴야 할 것입니다.

차로에서 빨간 신호등이 켜지면 차들이 서고, 횡단보도에서 빨간 신호등이 켜지면 사람이 섭니다. 차를 운전하는 사람과 길을 걷는 사람 사이에는 서로 믿음이 있기 때문에 파란불일 때만 서로 건넙니다. 만약 믿지 못하면 항상 주위를 살펴야 하고 언제 차가, 사람이 끼어들지 알 수 없어 혼란스럽습니다.

이렇듯 개인과 개인, 사회와 사회 간에는 서로 보이지 않는 약속이 있으니 그 약속이 잘 지켜질 때 신뢰가 잘 유지됩니다. 하지만 국가와 국민 간의 약속은 버려지고 깡통이 되는 경우가 많아 신뢰에 자주 금이 갑니다.

국민을 위해 일 잘하라고 뽑아놓으면 자기들 이익만 우선시하면서 힘없고 약한 사람은 무시합니다. 숫자 놀음이나 하고 주고받기식 흥정과 밀실야합이 판을 칩니다. 누가 그들의 주인인지 모릅니다. 그러면 전체 국가의 신뢰는 무너지고 그나마 쌓였던 개인과 사회의 신뢰마저 무너져 내립니다.

믿음은 사람이 더불어 살아가는 데 생명수 같은 것입니다. 믿음이 없으면 깔려 죽고, 치여 죽고, 허리 끊어져 죽어서 거리는 온통 주검투성이가 될 것입니다. 이런 중요하고 큰 사회 덕목을 지켜야 할 국가 지도자들이 오히려 앞장서서 소홀히 하는 이유를 잘 모르겠습니다.

믿음이 가는 사람은 듬직합니다. 무슨 말을 해도, 무슨 일을 해도 그가 하는 말이라면, 그가 하는 행동이라면 믿습니다. 그가 이미 믿음을 보였기 때문입니다. 그의 표상인 믿음이라는 줄기 튼튼한 나무가 땅속 깊이 뿌리 내리고 있기 때문에 어떤 바람에도 흔들리지 않습니다. 처음 먹은 마음이 변함없고 항상 자신보다 남을 앞세웁니다. 그는 먹지 않아도 배가 부릅니다. 다른 사람들이 그에게 보내는 신뢰의 박수가 자양분이 되어 그의 뿌리를 타고 올라 나무를 튼튼하게 하기 때문입니다. 그런 사람 어디 없나요?

서로 믿음이 가는 사이는 눈빛만 봐도 압니다. 서로의 마음과 마음에 믿음의 다리가 놓여 수시로 드나들면서 사랑이라는 양식을 부지런히 나르고 있기 때문이지요. 서로에게 더 주지 못해 안달이고 혹시나 상처주지 않을까 조심합니다. 믿음의 오작교에는 수시로 새가 날고 맑은 바람이 불고 공기 청정합니다. 어디 이런 사람들 없을까요?

52. 배려는 자기 자신을 위한 것

　세상 사람들, 특히 선지자들은 남에게 배려하는 마음을 제일 우선하라고 합니다. 왜 예부터 배려심, 이타심을 강조하는 걸까요? 혼자 먹고살기에도 힘들고 바빠 죽겠는데 언제 남 돌보고 남을 우선해서 살라는 말인가 의문이 들기도 합니다. 그저 공손하게 순응하는 사회 질서를 만들기 위해 그런 것은 아닐까 하는 생각이 들기도 합니다.

　평소 항상 남을 우선해서 생각하고 자신을 낮추는 사람을 보면 얼굴이 그렇게 편안할 수 없습니다. 항상 웃음 띤 얼굴이지요. 무엇이 그를 그렇게 즐겁게 하는지, 화내는 법이 없습니다. 아예 화 같은 것은 표정 안에 없는 사람 같습니다. 아무리 화가 나도 그저 말없이

씩 웃기만 하지요. 아마 배려의 힘이 아닐까 합니다.

배려는 남을 위하는 마음이고 남을 먼저 생각하는 마음이지요. 그 마음은 결국 자기 자신을 정화하는 것이 아닐까요? 자기 마음을 닦는 치료제가 아닐까요? 배려하는 마음을 앞세우면 자기 마음이 더 정갈해지고 즐거우니까요. 나 자신을 변화시키니까요.

이렇게 좋은 것을 하기가 그렇게 힘이 듭니다. 한발 뒤에 가고, 조금 기다리고, 어려운 일 힘든 일은 내가 먼저 하면 되는 일인데. 실수를 감싸 안고, 생각이 다르더라도 옳지 않다고 단정 짓지 않고, 조금 더디 가더라도 힘들어 하는 이의 손을 잡아주며 함께 가면 되는 것을. 받은 것을 기억하기보다는 늘 주지 못해 안달하면 될 것을…….

그런데 사실 그것이 몸에 익지 않으면, 마음이 함께 움직이지 않으면 금세 "내가 왜 이렇게 하지" 하고 분별심을 내게 됩니다. 그러니 남을 위해 하는 일이라는 것 자체도 잊는 것이 좋습니다. 나 자신을 위해 하는 일이지 남을 배려하기 위해 하는 일이 아니라는 생각을 해야 되는 것이지요.

어머니들은 음식을 차려놓고 아이들이 먹는 것만 봐도 즐겁다고 합니다. 아이들이 먹을 것만 생각하고 즐겁게 음식을 만들지요. 자기가 힘든 것을, 시간 투자 많이 한 것을 표시하거나 분별심을 내는 어머니는 없습니다. 내가 움직여, 내가 배려해서 다른 사람이 즐겁다는 그 상상만 해도 내 마음이 즐거운 것이 배려입니다.

그러니 힘들고 어렵다고 하는 것입니다. 배려가 지나쳐서 남들이 부담을 갖거나 오히려 역효과를 내는 때도 있습니다. 내 몸도 힘들고 남들도 부담스러워 하고, 그때마다 또 "내가 왜 이러고 있지" 합니다.

드러나지 않게, 보이지 않게, 배려한다고 생각하지도 않는 것이 중요합니다. 배려는 크고 엄청난 일을 하는 것이 아닙니다.

엘리베이터 탈 때 남을 위해 먼저 버튼을 눌러주고, 제일 마지막에 타고 제일 마지막에 내리는 일이 배려입니다. 어려운 사람, 약한 사람에게 먼저 팔 뻗어 잡아주고 이끌어주는 것이 배려입니다. 신호등 없는 거리에서 먼저 온 차를 보내고 사람들을 먼저 보내고 차를 운전하는 것이 배려입니다. 힘들고 궂은일 내가 먼저 팔 걷고 나가 남의 힘듦을 솔선해서 져주는 것이 배려입니다.

편안히 살면 살만 찌잖아요. 편안히 살면 다른 잡생각만 많이 들잖아요. 누구 하나 알아주는 사람 없더라도 내 몸을 위해, 내 정신을 위해 먼저 뛰어나가면 몸도 상쾌하고 그 어떤 이벤트보다 더 큰 즐거움이 있습니다.

배려의 힘은 그래서 건강한 사회의 지표가 됩니다. 나 아닌 다른 사람을 생각하는 사람이 많은 사회를 건강하다고 하는 것입니다. 대가족 제도로 살 때는, 비록 가난했지만 층층시하 서로를 아끼고 살피면서 배려 있게 사는 방식을 절로 배웠습니다. 그런 가족애 같은 따뜻한 사랑의 정이 흐르는 사회는 배려가 만듭니다. 전류처럼 찌릿찌릿한 사는 맛도 따라옵니다.

53. 당신의 희망은 무엇인가요?

새해 첫날, 사람들은 희망에 대해 얘기합니다. 하고 싶은 것들, 바라는 것들을 얘기합니다. 하고 싶은 것도 참 많습니다. 누구에게나 한 해를 알차게 설계하고 희망차게 보내고 싶은 소망이 있습니다. 새해 처음 떠오르는 태양, 그 태양이 어제와 같은 태양이 아닐 리가 없습니다. 그렇지만 사람들은 그 태양을 새로운 태양으로 생각하고 각오를 다집니다. 새해 아침 붉은 태양을 보며 주먹을 쥡니다. 태양이 빛나고 있는 한, 인간의 희망도 빛나는 것입니다.

희망은 이렇듯 새로운 시작의 첫 단추에 항상 자리합니다. 희망이 없으면 사람들은 갈피를 못 잡고 우왕좌왕합니다. 우리 삶의 뚜렷한 등불로 희망이 서 있는 것입니다.

단조로운 일상을 벗어나게 하는 것도 희망입니다. 매번 똑같은 어제, 똑같은 해를 맞고 보낸다면 그 삶의 가치는 시궁창에 떨어지는 것과 같습니다.

"희망이 안 보인다"는 것도 희망을 보지 않으려고 하는 사람의 마음입니다. 누구나 다 갖고 있는 희망일진대, 없다고 하면 희망이 화를 내겠지요. 희망은 언제 어디에서나 어떤 형태를 갖고서라도 존재하는 것입니다. 안개가 끼어도 비바람이 몰아쳐도 볼 수 있는 것이 희망입니다.

희망은 단순하고 소박하게 실천 가능한 것부터 품는 것이 좋습니다. 너무 큰 희망을 품고 그 무게에 눌려 매일을 산다면 세울 수 없는 희망, 이룰 수 없는 꿈이 되어버립니다. 차근차근 계단을 밟아야 비로소 희망봉에 올라설 수 있습니다. 두루뭉술한 희망보다는 뚜렷하고 손에 잡을 수 있는 희망이어야 보람도 큽니다.

내일부터 담배를 끊는다, 저녁은 가족과 함께 먹는다, 일주일에 한 시간 이상 봉사활동을 한다, 이런 구체적인 희망이 좋다는 것입니다. 쌓이다보면 내 건강을 지키게 되고, 가족과도 화목하게 되고, 사회에도 도움 되는 일을 함으로써 내 마음을 크게 닦는 일이 되지요.

"무엇이 되겠냐"고 아이들에게 장래희망을 물으면 누구나 의사, 판사, 변호사, 대통령을 얘기합니다. 요즘은 개그맨이나 연예인이 되겠다는 아이도 많이 늘어났다는군요. 화려해 보이고 뭇시선을 많이 받으니 그런가요.

높은 자리에 올라가야, 모든 사람이 우러러보는 직위에 올라가야 성공한다는 우리 시대의 등식이 그렇게 만든 것입니다. 희망봉에 오르는 과정에 대해 생각해봅니다. 남을 이기고 사회의 명망 있는 자리에 올라가야 제대로 선 희망이 되고 그래야 성공한 사람이라는 인식은 조금 고쳐야 할 필요가 있습니다.

자기 일에 최선을 다하는 사람, 나 아닌 다른 사람들에게도 따뜻한 손길 뻗을 줄 아는 사람, 자신의 생각대로 자신이 하고 싶은 일을 하면서 사는 사람이 우리 시대 최고의 희망사항이 되어야 하지 않을까요. 사회에 나가 무엇이 되든 그런 사람이 성공한 사람, 희망을 최고로 발휘한 사람이 되는 것 아닐까요.

하루하루 뜻 있게 살 수 있는 바탕을 희망이 마련해줍니다. 오늘 당장 힘들고 어렵더라도 희망을 생각하면서 어려움을 견딥니다. 희망이 있기 때문에 어찌 되었든 살아지는 것이구요.

그럼 이제 바로 이 자리에서 지금 나 자신의 희망은 무엇인지 자문해보아야 합니다. 남은 삶이 얼마나 될지는 알 수 없지만 오늘 당장 그 희망을 위해 내가 할 일을 찾아봅니다. 아주 작은 일부터 시작합니다. 사람은 나이가 많든 적든 할 수 있는 일, 하고 싶은 일이 있습니다. 더 늦기 전에 다시 한 번 희망을 재정비하고 단조로운 삶에서 벗어나 생의 활기를 찾아야 합니다. 직장에 사표를 던지고 제3세계로 봉사활동을 떠나면 새로운 삶의 희망이 보일 것이라고 권유하는 세계 석학도 있습니다.

    새해 첫날의 희망이 새롭게 떠오릅니다. 희망을 찾은 날, 진정한 희망의 설계를 한 오늘을 새해 첫날로 생각하면 이제 비로소 한 살을 먹은 것입니다. 시작입니다. 주머니 속, 머릿속 희망을 손 위에, 눈앞에 만들어야 합니다. 소중한 자신을 위해.

54. 웃음은 산소 공장, 널리널리 퍼져라

웃음은 어디에 숨어 있다가 나오는 것일까요. 울음은 또 어디에 있다가 나오는 것일까요? 장막을 걷으면 튀어나오는 무대 배우처럼 적당한 때 튀어나와서 사람을 즐겁게도 슬프게도 합니다. 한참 웃다 보면, 한참 울다보면 마음 한구석에 청량한 바람 한줄기가 지나가는 듯하지요. 가슴 한복판을 훑고 지나가는 웃음 한 무더기에 오늘 사람의 삶이 의지합니다.

슬프고 사악한 감정을 일시에 물러가게 하는 것이 웃음입니다. 괴롭고 지친 영혼을 달래주는 박수가 웃음입니다. 사람의 감정 중 가장 고맙고 고귀한 것이 웃음입니다. 웃음을 잃고 사는 것은 아니지요. 지구 동물 중 인간만이 웃을 수 있다고 하지요.

매일 웃는 사람, 매사 웃는 사람은 삶의 에너지가 충만한 사람입니다. 그 좋은 웃음은 아무 때나 시도 때도 없이 나오는 것이 아닙니다. 자주 나타나는 것도 아닙니다. 아주 적당한 때 내리는 단비처럼 인간 감정의 가뭄을 해갈시키는 소나기가 바로 웃음입니다. 웃음의 소나기를 맞으면 얼었던 마음도 봄눈 녹듯 녹고, 잠겼던 마음의 문도 열립니다.

웃음은 또 다른 웃음을 부릅니다. 웃음은 또 스스로 만들어야 자주 찾아옵니다. 슬픈 얼굴은 슬픈 사람만 모이게 하고 슬픈 얘기만 떠돌게 합니다. 웃음은 옆으로 옆으로 퍼져나가 전파력이 크고 주변을 환하게 밝힙니다. 전염성이 아주 강해 옆 사람을 간질이듯 퍼져나갑니다. 웃음은 상대를 편하게 하고 사랑하는 마음을 만듭니다. 웃는 집은 만복이 굴러온다고 합니다. 웃는 집안은 뭐가 되는 집안입니다. 가지나무에도 수박이 열리는 집안입니다.

거리에서 마주치는 사람들의 얼굴을 보면 거의 대부분 화가 나 있습니다. 무표정입니다. "뭔가 한번 걸려봐라" 하는 표정입니다. 자칫 길 가다가 어깨라도 부딪치면 큰일 날 듯한 무서운 표정입니다. 웃을 시간이 없습니다. 무대 뒤에서 앞으로 뛰어나올 준비를 하고 있는 웃음은 막에 가려 항상 등장 대기 상태입니다. 극이 끝날 시간이 되어도 나타나지 않습니다. 막이 올라가지 않기 때문입니다.

가까이 다가갈 수 없는 표정, 무표정한 얼굴은 지구를 메마르게 합니다. 감정의 땅이 갈라지고 패게 합니다. 웃음이라는 비 한 줌 내려도 금방 스며들 뿐입니다. 대지가 촉촉이 젖어 있어 수분이 적당해야 곡식이 잘 자라는데, 항상 갈라지고 메마른 땅이니 그 어떤 곡식의 씨앗을 뿌려도 뿌리 내리기가 힘듭니다.

웃음이 가득한 마음밭은 항상 촉촉합니다. 어떤 씨앗이라도 열매 가득 맺을 수 있는 준비가 되어 있습니다. 생명력 가득한 웃음의 씨앗이 주렁주렁 열매 맺어 서 하나라도 더 따가라고 풍성한 모습을 하고 있습니다.

웃음은 소화를 돕고 노폐물을 없애준다고 합니다. 심장을 안마해주어 혈액순환을 돕습니다. 장수하는 사람들의 비결에는 꼭 웃음이 들어 있습니다. 기쁜 마음으로 무엇이든 적극적으로 생각하는 원동력이 바로 웃음입니다.

그러나 시도 때도 없이 웃는 사람은 실성한 사람입니다. 때와 장소를 가려서 웃을 때 웃을 줄 아는 사람에게만 진정한 웃음의 보약 효과가 나타납니다.

막이 오르면 화려한 무대로 웃음을 등장시켜야 할 때, 모두가 웃음꽃이 핍니다. 지구가 웃습니다.

55. 기쁨만 오고 슬픔은 가라

누구나 기쁜 소식을 바랍니다. 어서 빨리 제비가 날아와 기쁜 소식을 담은 박씨 하나 떨어뜨려놓기를 바랍니다. 그런데 강남 갔던 제비는 감감무소식입니다. 가만히 앉아서 제비를 기다린다고 기쁨이 찾아오는 것은 아니겠지요.

인간은 감정의 동물이라고 합니다. 그 감정 중에서 제일 큰 것이 기쁨입니다. 제일 맛이 좋고 만나면 반가운 것이지요. 그 기쁨은 어떻게 오는 걸까요. 어떻게 해야 맛보게 되는 걸까요. 왜 기뻐하게 되는 걸까요?

기쁨은 내 마음 저 깊은 곳에서 허무와 슬픔과 무료와 감정의 사치를 물리치고 나오는 것입니다. 힘들고 어렵게 솟구치는 것입니다.

진정한 기쁨은 세상에 대한 모든 관념을 벗어던질 때 찾아온다고 합니다.

기쁨을 가져다주는 것은 무엇일까요? 사람 사이에서 사람이 주는 기쁨이 제일 많습니다. 그러나 무엇보다 중요한 것은 내 마음의 기쁨의 원천을 아는 것입니다. 아무리 외적 즐거움이 가져다주는 것이 크다고 할지라도 그것은 오래가지 않습니다. 가장 오래가고 변함없이 자신을 기쁘게 하는 것은 어디에도 흔들리지 않는 평온한 마음입니다.

잠시 잠깐 오는 기쁨은 쾌락입니다. 쾌락을 쫓는 자는 더 강렬한 쾌락을 찾기 위해 마음과 몸을 고생시키고 병들게 합니다. 잘 알지만 멈출 수 없는 것이 쾌락입니다.

어떤 흔들림에도 고요한 마음의 바다. 내면의 기쁨을 갖는 것이 사람들의 영원한 숙제입니다. 그걸 얻기 위해 사람들은 명상을 하고 마음을 가꾸는지도 모릅니다.

일상에서 느끼는 소소한 기쁨은 때에 따라 그냥 스쳐 지나가기도 합니다. 미처 발견하지 못하기 때문이지요. 관성으로 따라오는 것일지라도 그것을 크게 기쁨으로 맞이하면 기쁨은 쌓이고 쌓여 행복의 퇴적층이 되고 매일 자신을 기쁨의 강물에 둥실 떠다니게 할 수 있습니다.

가족이 주는 평온함, 주변 사람에게서 받는 따뜻함, 내 온기를 이웃에게 나눠주는 것에서 오는 위안, 들꽃을 보며 느끼는 평화, 맑은 공기 마시며 마음을 정화하는 데서 오는 평정함, 이 모두가 기쁨의 원천입니다.

자신을 둘러싸고 있는 모든 것이 기쁨을 전달하는 우편배달부입니다. 기쁜 마음으로 보면 다 나를 기쁘게 해주는 기쁨의 포자들입니다. 기쁨의 바이러스입니다. 빨간 오토바이를 타고 매일매일 그들은 나를 찾아옵니다. 그 배달부가 똑똑 문을 두드릴 때 활짝 열고 두 팔 벌려 맞이해야 기쁨이라는 소포의 뚜껑이 열려 방 안 가득, 내 몸 가득 기쁨의 향기로 채울 수 있습니다.

웃고 떠들고 즐긴다고 기쁨을 제대로 누렸다고 할 수 없습니다. 한참 즐기다보면 그 후 허탈감이 밀려옵니다. 잠시 잠깐 즐거움의 노예가 되어 세상사를 잊지만 돌아서면 더 큰 무게로 다가오는 공허함이 있습니다.

슬픔을 밀어내고, 공허함을 밀어내는 힘은 마음속 기쁨이 가져다줍니다. 그 기쁨은 항상 넘쳐 내 주변으로 기쁨을 나눌 수 있게 됩니다. 그러다보면 기쁨은 더욱 커집니다. 그래서 괴테는 나누면 배가 되는 것이 기쁨이라고 했습니다.

기쁜 소식이 와서, 기쁨을 느껴서 기쁜 것보다는 내가 가시방석이라고 생각한 내 앉은 자리에서 기쁨을 느끼는 것, 그 자리가 곧 꽃자리라고 느끼는 것이 가장 큰 삶의 기쁨을 가져다줍니다. 맑고 청아한 아침 새소리가 내 마음의 문을 두드립니다. 기쁨의 꽃이 활짝 피어 온몸이 따뜻하게 데워집니다.

56. 감수성, 마음을 살찌우는

꽃, 나무, 풍경을 눈에 보이는 대로 보지 않는 사람이 있습니다. 그저 꽃이 피고 나무가 열매를 맺고 눈이 오고 비가 오는 것으로 느끼면 그만이지만, 감수성이 풍부한 사람은 자기 내면이 느끼는 목소리로 듣습니다. 꽃을 꽃이라 하면서도 가장 멋을 부리는 곧 결혼할 처녀의 모습으로 비유하는 것이지요.

사물을 있는 그대로 보지 않고 감정이 일어나 한 꺼풀 벗겨서 깊숙한 내면까지 보려고 하는 것이 감수성입니다. 말하고, 보고, 듣는 모든 것에 감수성이 관여합니다.

감수성은 나 아닌 세계를 느끼고 받아들이는 능력입니다. 세계에 대해 자신을 열 수 있는 능력입니다. 자신을 열어야지 느끼고 받아들이는 것이 가능하기 때문입니다. 이미 갖고 있는 세상에 대한 답에 대해서는 신경 쓰지 않습니다. 감수성은 고정된 답을 벗어나 그 틈을 비집고 들어옵니다. 그리고 끊임없이 감정에 신호를 보내고 물음을 되풀이합니다.

감수성이 풍부한 사람은 감정의 요동이 심합니다. 울고 웃고 정신을 놓기도 합니다. 마음의 갈래가 여럿인 탓입니다. 잘 훈련시켜 다듬는 것은 그 사람의 몫입니다. 너무 지나쳐서 감정과 관념에 매몰되면 늪에서 헤어나지 못하기도 하니 그 경계를 잘 아는 것도 중요합니다.

단조로운 삶을 살찌우는 것이 감수성입니다. 여린 감성의 소유자건, 굳건한 의지의 소유자건 감수성이 풍부하다는 것은 그 사람의 자산입니다. 삶이 풍요로워집니다.

예술가들은 뛰어난 감수성의 소유자들입니다. 시인, 소설가, 음악가, 화가 모두 감수성이 탁월한 사람들입니다. 그들이 보는 피사체는 그냥 있는 대로, 보이는 대로가 아닙니다. 감수성의 호수에 자신을 담가 적신 후 본 것들을 그들은 노래하는 것입니다. 그것이 독자들의 감성과 교감해서 예술적 감동으로 이어지는 것이지요. 때때로 그것은 보는 이의 삶에 큰 기쁨을 주고 위안을 주고 에너지를 주기도 합니다.

누구나 다 시인, 소설가, 화가가 될 수 있습니다. 저마다 그런 예술가적인 재능을 뽐내고 있는지도 모릅니다. 저마다 타고난 감성이 있으니까요. 예술가들이야 자신의 얘기를 들어주는 독자가 있으니 자신의 감수성을 드러내놓고 뽐내는 것일 뿐이고, 우린 나 스스로인 한 명의 독자를 위해 매일매일 예술가가 되는 것이 다를 뿐이지요.

어린이들이 사물을 보는 눈을 닮고 싶습니다. 아이들은 무엇이든 순수한 눈으로 바라봅니다. 티끌 하나 들지 않은 순진무구한 마음으로 모든 것을 바라보니 절묘한 느낌으로, 탁월한 시인이 되어 보이는 사물을 노래합니다.

살면서 탁한 공기 많이 마시고 찌들린 마음 자락으로는 담을 수 없는 것이 저 동심의 감수성입니다. 애초 우린 모두 어린아이였으므로 그런 동심이, 그런 감수성이 없었던 것은 아닙니다. 자주 안 써서, 눈을 가려서 퇴화된 것일 뿐입니다.

"감수성이 메말랐다"고 합니다. 팍팍하게 살다보니 허튼 곳에 눈길 돌릴 틈이 없었다고 합니다. 스스로 문을 닫아건 것입니다. 자신도 깜짝 놀랄 감수성은 아직 고갈되지 않고 고여 있습니다. 두레박만 내리면 철철 넘치게 퍼낼 수 있습니다. 내면 깊이 잠긴 감수성까지 연결하는 두레박은 여유에서 나옵니다. 한 박자 쉬는 데서 나옵니다.

다시 감수성에서 물을 길어 올리기만 하면 삶은 더욱 풍요로워집니다. 문맹자가 글을 알게 되면서 거리에 나가 새로운 느낌을 맞듯, 감수성을 발달시키면 보는 사물은 엄청나게 달라집니다. 삶이 더욱 풍요로워지고 세상이 매일 팍팍하다는 느낌에서 벗어날 수 있습니다.

살 만한 세상, 살아볼 만한 세상, 온통 눈에 보이는 것이 고마운 것 천지입니다.

57. 자존심은 고집과 구별해야지요

　자존심은 자신을 지키고, 자신을 존중하는 마음입니다. 남에게 굽히지 않고 자신의 품위를 스스로 지키는 마음입니다. 그러나 우리는 그동안 자존심을 얼마나 잃어버리고 지냈을까요. 알량한 자존심을 지키기 위해 얼마나 고집을 부렸을까요. 과연 내 자존심이 내세울 만한 자존심이었는지 생각해봅니다.

　사람에게 자존심이 있기 때문에 품위를 손상시키는 행동을 삼가고 다른 사람에 대해서 관대하거나 봉사하는 행동을 할 수 있습니다. 그러나 때로 자존심은 다른 사람에게 뒤떨어진다는 사실에 상처를 받아 질투의 화신으로 변하기도 합니다.

　자존심은 살아가는 바탕입니다. 힘입니다. 제일 먼저 해야 할 일은 자기 자신을 인정하는 일입니다. 내가 나를 인정하지 못하는 데서 문제가 발생합니다. 그래서 남과 비교하고 질투하기 시작하는 것입니다.

"자존심에 상처를 입었다"고 말합니다. 사람 사이에 지켜야 할 불문율 같은 것이 있을 텐데 그 불문율이 깨져 상처를 받았다는 말입니다. 자신이 살아가는 바탕이 있는데 그 바탕에 흠집을 냈다는 것입니다. 그러니 화가 날 일입니다. 남에게 상처를 준 일은 두고두고 다시 자신의 상처로 돌아옵니다.

자존심은 고집과는 다릅니다. 아집과도 다릅니다. 그러나 때때로 감정을 앞세우다보면 아집이 먼저 나와 앞을 가립니다. 자존심이라는 본능을 발휘하기 전에 자기 치부를 감추려는 알량한 자기 방어가 먼저 치고 나옵니다. 알량한 아집을 누가 들추기라도 하면 화가 치밉니다. 스스로도 인정하려 들지 않고 합리화하는 핑계를 하나라도 더 만듭니다.

남의 약점을 들추어내는 것은 비겁합니다. 그러면서 다른 사람이 자신의 약점을 들추면 마구 화를 냅니다. 이쯤 되면 자존심이 사람에게 꼭 필요한 것인지, 아닌지 의심이 들기도 합니다.

자존심은 자신을 지키는 굳건한 토대입니다. 기둥입니다. 단독자로 표표히 세상을 떠도는 데 꼭 필요한 등대 같은 것입니다. 그러니 자존심을 지키기 위해 스스로 많은 노력을 기울여야 합니다. 우선 자신을 존중하는 마음이 중요합니다. 홀로 사는 자신을 잘 보듬어 안으려는 마음이 필요합니다.

자신의 자존심을 잘 길들여야 합니다. 작은 것에서 감동을 받으며 내면의 평화를 지키려는 훈련이 필요합니다. 남과의 비교는 금물입니다. 자존심을 지키는 길은 다른 사람의 삶을 인정하고 스스로 긍정적인 마음을 우선해서 갖는 것입니다. 그리고 자신의 단점을 끊임없이 고쳐나가는 것이 자존심을 지키면서 살아가는 데 도움이 되는 훈련입니다.

작은 것에 만족하는 삶 속에서 자존심도 지켜집니다. 그런 삶은 평화롭습니다. 그리고 자신을 항상 사랑하게 됩니다.

5요.
매일 즐거운 생각만 가득하면 얼마나 좋을까요

하루에도 무수히 많은 생각을 합니다. 휙휙 지나가는 생각은 무슨 바람을 타고 오는지 온통 머릿속을 하얗게도 만들고 까맣게도 만들고 색색이 색칠을 할 때도 있습니다.

생각이란 무엇인가요, 기억이란 무엇인가요, 생각은 어떻게 생겨날까요. 생각은 어떻게 우리의 행동을 제약할까요. 생각은 우리 생활 속에서 왜 그렇게 중요하게 되었을까요.

생각은 또 다른 생각을 낳고 원래 했던 생각을 잊어먹고 가지를 마구 칩니다. 생각하다보면 혼자 웃기도 하고 울기도 하고 화내기도 합니다. 참 오묘한 놈입니다. 이토록 사람의 감정을 쥐고 흔드니 말이지요.

교활한 생각, 영리한 생각, 많은 것을 발명해내고 많은 전쟁을 일으키고 공포와 불안을 낳은 생각, 끊임없이 이미지를 만들어내고, 쾌락을 쫓고, 수다를 떨고, 움직이고, 만들고, 편안하고, 슬프고, 기쁘게 하는 생각. 생각의 노예인 사람. 오죽하면 사람을 생각하는 동물, 생각하는 갈대라고 했을까요.

강을 건너는데 내 배로 다가오는 배 한 척이 있습니다. 그 배가 다가와 덜커덩 하고 부딪혔는데 그 배에 아무도 타고 있지 않다면 성질이 급한 사람이라도 성내지 않습니다. 그냥 밀쳐버리면 그만이지요. 그런데 그 배에 사람이 타고 있으면 당장 소리치며 비켜 가라고 합니다. 여러 번 소리치다가 와서 부딪히면 욕을 하고 싸우게 됩니다. 배에 사람이 있는 것과 없는 것의 차이일 뿐인데 행동이 달라집니다. 생각은 이렇듯 보이는 것에 따라 천지차이입니다.

생각이 무엇인지 보는 것이 깨달음이라고 합니다. 생각의 정체는 무엇일까요? 마음을 잘 조정할 수만 있다면 즐거운 생각만으로 온통 머릿속을 하얗게 칠할 수 있을 텐데. 자유분방한 생각의 갈래는 잡을 수도 머물게도 할 수 없습니다. 그저 자유롭게 생각할 뿐입니다. 정처 없이 어딘가로 가도록 내버려둘 뿐입니다.

한 가지 분명한 것이 있습니다. 아름다운 생각은 아름다운 생각을 낳고 분하고 억울한 생각은 새끼를 쳐서 더 억울한 생각만 낳는다는 것입니다. 하루 종일 그 생각에서 벗어나지 못할 때도 있습니다. 앉으나 서나 그 생각만 나고, 일을 해도 도통 손에 잡히지 않습니다. 내가 잘했다는 생각만 앞세웁니다. 그러니 결론이 나지 않습니다. 계속 싸우도록 방치하는 것입니다. 기억 속의 한 생각은 언제나 과거 일일 뿐입니다. 과거의 생각에 사로잡혀 다가오는 시간을 망치는 것입니다.

항상 좋은 생각만 하고 살 수는 없습니다. 아름답고 가슴 벅찬 생각만 하고 살 수는 없습니다. 그러나 좋고 아름다운 생각을 오래 간직하려고 해야 합니다. 나쁜 생각, 억울한 생각, 추한 생각이 들어올 틈을 내주지 말아야 합니다. 그래야 싸움의 결말이 납니다.

평정심과 마음의 고요, 이런 것이 생각자리의 한가운데 올 수 있도록 생각을 가다듬어야 합니다. 분한 마음이 새끼를 치지 않도록 생각을 고쳐먹어야 합니다. 생각은 영혼의 세계와 연결되어 있습니다. 맑고 투명한 영혼은 평화롭고 고요한 생각이 만듭니다. 그 생각만이 맑은 영혼에 도달하는 것입니다.

생각이 생각을 낳으므로 나쁜 생각을 원천봉쇄하는 것이 마음 훈련입니다. 전력해서 한 가지를 생각하는 것, 그것이 생각을 닦는 첫걸음입니다. 그리하여 생각 자체도 하지 않는 것, 그것이 도인들이 얘기하는 깨달음이지요.

사는 동안 헛것에 생각을 많이 빼앗겨서는 안 됩니다. 좋은 생각만 하면서 살아도 세상은 순식간이니까요. 영혼을 갉아먹고 정신의 혼을 빼가서 결국은 혼미한 상태에 이르게 하는 나쁜 생각을 버리는 일은 어떻게 해야 할까요. 감동하는 일을 자주 많이 만들어야 합니다. 작고 보잘것없는 것에 눈길을 자주 주고 자신이 너무 많은 것을 받으며 산다는 생각을 먼저 해야 합니다.

어렵고도 심오한 세계인 생각을 얘기한다는 게 얼마나 부질없는 일일까요. 얼마나 어리석은 일일까요. 그저 생각을 놓습니다. 평화가 찾아옵니다.

59. 도전의 역사는 쭉 계속됩니다

　큰 산을 오릅니다. 몇 번의 실패 끝에 오르는 것이라 각오도 남다릅니다. 죽을 각오를 하고 한 발 한 발 정상을 향해 내딛습니다. 협곡도 있고, 물도 만나고, 깎아지른 절벽과 암벽이 가로막지만 인간의 의지 앞에 모두 사그라들 뿐입니다. 의지의 등불 하나 앞세우고 절벽을 뛰어넘습니다.

　마침내 정상에 섭니다. 숨 쉴 공기도 희박한 정상은 잠시도 서 있을 수 없는 좁은 땅, 그 큰 산의 정상에 태극기를 꽂습니다. 눈물이 앞을 가립니다. 죽어간 동료도 생각나고 미처 올라오지 못한 친구도 생각납니다. 정상에 서 있는 시간은 잠시였지만 수없는 고난 끝에 맛보는 정상 정복이라 말로 표현할 수 없는 통쾌감이 있습니다. 인간만이 할 수 있는, 인간 한계의 시험장입니다. 그것을 뛰어넘었다는 희열과 굽히지 않는 자신의 열정이 너무도 대견합니다.

도전은 사람으로 사는 가치를 제대로 느끼게 해줍니다. 인간의 역사는 끊임없는 도전의 역사라고 합니다. 실패와 고난 끝에 지금 현재가 있는 것입니다. 그 과정은 모두 도전의 시간들이었습니다.

산을 정복하는 일도, 새로운 일을 시작하는 일도, 발명을 하는 일도, 고시 준비를 하는 일도 모두 도전입니다. 좀 더 새로운 일에 자신을 놓는 일입니다. 한발 나아가는 일에 자신을 들여놓는 일입니다. 그러니 도전이 얼마나 값진 일인가요.

실패를 두려워하면 한 발자국도 나아갈 수 없습니다. 오로지 성공한다는 신념, 꼭 새로운 역사를 쓰겠다는 의지와 결단이 함께해야 합니다. 중간에 포기하지 않는 열정이 있어야 합니다. 끈기 있는 사람만이 도전에 성공합니다.

도전의 시간은 항상 고난의 연속입니다. 쉽게 닿을 수 있는 것에는 도전이라 이름 붙이지 않습니다. 몇 번이나 포기와 싸우고 실패와 싸우고 나태와 매너리즘과 싸워야 하는 것이 도전입니다. 도전은 온갖 적 중에서도 가장 가증스러운 공포와도 싸워야 합니다. 그것은 용기 있는 행위를 되풀이함으로써 효과적으로 물리칠 수 있습니다.

실패했다고 포기하는 사람에게 도전자라 이름 붙이지 않습니다. 실패해도 다시 일어나 싸우는 사람이 도전자입니다. 누구나 인생의 도전자입니다. 그리 길지 않은 인생의 산으로 길 떠난 등반가입니다. 때로 지치고 목마르고 힘들지라도 중간에 포기하지 않고 삶의 가장 큰 희열을 맛보기 위해 매일 새로운 길을 찾습니다.

길은 여러 갈래이고 정상은 하나입니다. 모두 단독 등반을 해야 합니다. 그 정상에는 두려움 없는, 마음이 평화로운 사람만이 먼저 도착해 정상에 선 기쁨을 만끽하고 있습니다. 도전에 성공한 사람은 스스로가 누구인지 발견하게 됩니다.

인생이라는 도전의 길에 나선 사람들, 신기루에 사로잡히기도 하고 협잡꾼의 감언이설에 휘말려 모래사막 중간에 지쳐 쓰러지는 사람도 있습니다. 그저 작은 동산에 불과한 모래산에 올라가 태극기를 꽂는 사람도 있습니다. 준비가 덜 되어 여전히 베이스캠프에 머무르는 사람도 있고 돌아가는 사람도 있습니다.

불굴의 열정으로 한 발 한 발, 오로지 정상을 정복하겠다는 일념으로 비바람을 이기고 마침내 정상에 오른 사람들. 그들에겐 '자유로운 인간'이라는 월계관이 씌워집니다.

그 도전의 행군에서 이탈하는 사람은 없겠지요? 도전의 역사는 쭈욱 계속됩니다.

60. 오늘 하루 행복한가요

아이가 "까르르" 하고 웃습니다. 그 웃음에서 행복을 느낍니다. 그 아이가 자라나 아장아장 기어 다니다가 걷고 달려와 안길 때 행복을 느낍니다. "엄마, 아빠"를 부르고 엄마 아빠의 목소리를 알아들을 때 행복을 느낍니다. 밥을 오물오물 씹어 먹고 무럭무럭 자랄 때 행복을 느낍니다. 친구를 알고 세상을 알아가면서 배운 것을 자랑할 때 행복을 느낍니다. 점점 자라 세상 속으로 뚜벅뚜벅 혼자 걸어갈 때 행복을 느낍니다.

행복은 아주 작은 것에서 싹이 돋아납니다. 행복은 그리 멀리 있는 것이 아닙니다. 아주 가까운 곳에서 시작됩니다. 항상 가까이 있지만 잡으려고 다가가면 멀리멀리 달아나기도 합니다.

모두들 행복을 꿈꿉니다. 행복이 사는 것의 가장 큰 가치인 것처럼 갈구합니다. 꿈꾸는 것에서 그칠지라도 꿈꾸는 그 시간만큼은 행복하기 때문에 사람들은 항상 행복한 꿈을 꿉니다.

어떤 사람은 재산이 많아야 행복한 줄 알고 부귀영화를 꿈꾸며 모든 방법을 동원해 돈을 모읍니다. 그러나 그 사이 그가 꿈꾸던 행복은 손에 담긴 물처럼 새어나가버리고 그에겐 욕심만 남습니다. 어떤 이는 높은 자리에 오르면 행복한 줄 알고 밀랍으로 해 깁은 날개를 달고 하늘 높이 날아갑니다. 그러나 그에겐 한순간 태양의 열기에 밀랍이 녹아 추락하는 슬픔만 있을 뿐입니다.

돈에 대한 욕구를 줄여야 행복의 크기가 커집니다. 물질은 결코 행복을 가져다주지 않습니다. 행복은 돈으로, 능력으로, 높은 지위로 얻을 수 있는 것이 아닙니다. 또, 한 사람이 모두 차지할 수 있는 것도 아닙니다.

나를 둘러싼 모든 사람이 행복이라는 촛불을 밝혀야 행복의 큰 등불을 밝힐 수 있는 것입니다. 혼자 아무리 큰 등불을 켜려고 해도 힘만 들 뿐입니다. 행복은 키 큰 나무 사이로 쏟아지는 햇살처럼 숲에 있는 모든 식물이 골고루 받을 수 있는 것입니다. 그 햇살을 바로 한 뼘 곁 옆 사람에게도 나누고 함께하려는 마음이 있어야 완전한 행복을 누리게 됩니다.

혹시 누리고 있으면서도 못 느끼는 것이 행복일 수도 있습니다.

행복이 가까이에 찾아와 있는데도 그것이 미처 행복인지도 모르고 지나쳤을 수도 있습니다. 행복은 행복이라는 이름표를 달고 오지는 않습니다. 노크하고 오는 것도 아닙니다. 남의 집 정원에서 가져올 수도 없는 것이며, 내 행복의 반을 잘라 남과 나눌 수도 없습니다.

행복의 열쇠는 화려하지 않습니다. 아이 얼굴을 바라보면 그 안에 바로 행복이 그대로 담겨 있습니다. 남을 배려하고 섬기면 행복은 바로 찾아옵니다. 욕망의 크기를 줄이면 행복이 바로 다가옵니다. 아주 작은 것에서도 행복을 느낄 수 있습니다.

행복은 내 마음이 만드는 것입니다. 내가 어떻게 바라보는가에 달려 있습니다. "나는 행복하다"고 최면을 걸면 눈에 보이는 모든 것이 행복의 유전인자가 되어 내 세포에 와서 박힙니다. 기쁜 마음으로 행복을 맞이하면 됩니다.

"오늘 하루 행복한가요?"

61. 정이란 주는 걸까요, 받는 걸까요

정(情), 사람과 사람 사이에 전류처럼 흐르는 정. 그러나 감전되어도 그저 즐거운 정. 그런 정을 너무 잊고 사는 것은 아닌지요? 정이 메말라간다고 합니다.

따뜻한 사람의 온기, 정은 인간 본래의 마음입니다. 사람이 살아 있음을 느끼는 따뜻한 온기입니다. 언제나 서로의 따뜻한 체온을 느끼고 싶은 것은 정 때문입니다. 따뜻하고 진실한 마음은 언제나 사람을 감동시킵니다.

누구에게나 따뜻한 인정의 샘물이 흐르고 있습니다. 그 정을 갈고 닦지 않아서, 나눠주지 않아서 메마른 것이지 애초부터 없었기 때문에 나눠줄 정이 말랐다고 하는 것은 아닙니다.

장자는 모든 것을 그대로 놓아두고 삶에다 억지로 군더더기를 덧붙이려 하지 않는 것이 정이라 했습니다. 애증과 집착에서 벗어나 자유롭고 활달하게 트인 마음이며, 빈 마음에서 작용하는 티 없는 감정의 흐름이라고 했습니다. 이런 정이 사람에게 진작부터 있었다는 것이지요. 믿기지 않는다구요?

부부의 정, 가족의 정, 어려운 사람들을 돕는 정, 애국심, 모두 사람이 갖고 있는 고유한 인정이 나타난 것입니다. 사람이 사람을 믿는 것, 정이 있기 때문이지요.

갓난아기 때부터 어머니가 아이에게 쏟는 무한 애정 그것이 정입니다. 모성애를 가득 담은 정이라는 샘물을 퍼붓고 있는 것입니다. 남녀 사이에도 정이 흐릅니다. 보지 않으면 몸살 날 것 같은 감정, 사실 이때에는 눈에 뭐가 씌었다고 하지만, 그것이 정입니다. 애정이라는 끈이 이 둘을 꽁꽁 묶어놓고 있습니다.

정이 없으면 우리들 사이는 어떻게 될까요? 우리 사회는 어떻게 될까요? 서로를 소 닭 쳐다보듯 하고 남의 일은 나와 상관없고 오로지 자신만을 최고로 생각하는 사회, 바늘 한 점 들어가지 않는 무미건조한 사회가 되겠지요. 참 끔찍한 일입니다.

그러나 점점 메마른 사회가 되어가고 있습니다. 정이 없는 사회, 정이 안 가는 사회가 되어가고 있습니다. 서로 끼리끼리, 네 편, 내 편 갈라서고 돈 많은 사람은 그들끼리, 춥고 가난한 사람은 그들대로 삭막하게 살아가는 사회가 되고 말았습니다. 연말만 되면 "아차" 하고 생각난 듯 고아원이나 양로원을 찾아가 사진 찍고 난리가 납니다. 왜 이렇게 되었을까요. 본래부터 사람에게 있었던 그 인정의 샘물은 어디로 다 빠져나갔을까요.

쓰레기통에 쑤셔 넣었던 '정'이라는 글자를 찾아내야 합니다. 기껏 해야 초코파이 상자에서나 발견할 수 있었던 정을 저마다 가슴 속에서 끄집어내어 먼지를 털고 다시 유유히 흐르게 해야 합니다.

할아버지 할머니에게서 인자함과 너그러움을 배우고, 아버지 어머니에게서 엄격함과 책임감을 배우고, 형제에게서 화합과 서로 돕는 공동체 의식을 배웠던 옛 가족 제도처럼, 자연스럽게 인정을 익혔던 그 생활로 되돌아갈 수만 있다면 참 좋겠습니다. 따로 인성교육을 하지 않아도 사회 건강지표는 훨씬 높아질 것입니다. 아프고 병든 사람도 줄고, 그러면 국가 의료비용도 훨씬 줄어들 것입니다.

바람, 꽃, 나무, 햇빛, 구름, 곤충에게도 다 생명이 있음을 알고 따뜻한 눈길을 보내야 합니다. 작고 이름 없는 것들에게도 따스한 눈길을 보내면 의미 없는 것은 세상에 하나도 없다는 것을 알게 됩니다. 그러면 바로 옆 사람에게 보내는 내 손길, 내 눈길도 따뜻해집니다. 그 따뜻해진 손길, 눈길이 바로 인정의 샘물입니다.

사람과 사람 사이에 인정의 다리가 연결되고 그 샘물이 콸콸 넘쳐 너나없이 자신이 하는 일에 보람을 얻고, 이 땅의 주인으로 사는 참 가치를 제대로 느낀다면 얼마나 좋을까요. 자유롭고 트인 마음으로 인정의 샘물을 이웃으로 퍼 나르면 얼마나 좋을까요. 원래 상태로 돌아와 사람으로서 기본을 다한다면 인정의 샘을 찾은 신은 또 얼마나 신이 날까요. 다시 사람들을 자주 찾아오지 않을까요?

62. 아름다움 속에 다른 사람의 '빛남'이 있는 것

눈에 보이는 아름다움이 아름다움의 전부일까요? 아름답다고 느끼는 것은 어디에서 나오는 것일까요? 아름다움은 그저 보여주기 위한 아름다움에 그치는 것이 아닙니다.

우리 눈과 혀는 사실 조금 사치스런 면이 있습니다. 더 아름다운 것, 더 맛있는 것을 매일 원하기 때문입니다. 그래서 길을 잘 들여야 합니다. 아무리 길을 잘 들여도 눈은 더 아름다운 경치를 갈구하고, 길지 않은 혀는 더 달콤하고 먹기 좋은 음식에 침을 흘립니다.

아름다움은 눈으로 느끼는 것입니다. 온 산에 꽃이 피고 아름다운 풍경을 연출하면 그걸 눈으로 보고 아름답다고 느끼고 그것이 내 마음을 동화시킵니다. 그러니 내 눈이 보는 것이지만, 내 마음의 눈으로 느끼는 것입니다. 그 마음은 다시 맑고 정갈해져 내 옆 사람에게 옮겨갑니다. 그 아름다움을 고스란히 반사시켜 상대에게 그 아름다움이 피어나도록 하는 것이 진정한 아름다움인 것입니다.

그러니 아름다운 것을 본다는 것은 서로 교감하는 것입니다. 아름다움은 역동적이기까지 합니다. 그저 혼자만 아름다움을 느끼고 말면 제대로 아름다운 것을 느꼈다고 하지 못하는 것입니다. 아름다움을 담아서 아름다운 마음으로 승화시켜 상대에게 아름답게 피어나도록 해야 하는 것이지요. 아름답다고 하는 것은 그래서 상대가 있어야 합니다.

여자들은 화장을 합니다. 아마 산속에 혼자 산다면 여자들은 화장을 하지 않을 것입니다. 화장은 자신을 가꾸는 것입니다. 남들에게 보여주기 위해 자신의 아름다움을 치장하는 것입니다. 그런데 개중에는 화장을 안 한 얼굴이 더욱 아름답게 보이는 사람도 있습니다. 치장하지 않은 맨 얼굴의 아름다움이 더 순수하고 정갈하게 보이기 때문입니다. 무엇이 좋다, 나쁘다를 얘기하는 것이 아닙니다. 아름다움에 대한 생각이 다 다르므로 서로의 방식대로 뽐내면 될 일이지요.

항상 곁에 있고 싶은 사람이 있습니다. 말을 잘해서도 아니고 무엇을 많이 주어서도 아닌데 그 사람 옆에만 가면 참 편안합니다. 말 한마디를 나누어도 상대를 배려해주는 편안한 말투, 적절한 비유,

작은 것 하나라도 더 주려는 인정을 가득 품은 그에게서 아름다움을 봅니다. 온갖 기교로 덧칠하고 화장기로 가린 얼굴이 아니라 갈고 닦은 내면의 아름다움을 봅니다. 그 아름다움에 취해 항상 그 가까이 가려고 하는지도 모르겠습니다.

아름다움에 대한 정의는 시대마다 조금씩 바뀌어왔습니다. 중국의 절세미인이었던 서시나 양귀비를 못 봐서 잘 모르겠지만, 옛날 아름다움의 기준은 눈에 보이는 것 중심으로 생각했다면 이젠 좀 달라져야 합니다. 자신만의 개성을 살린 아름다움, 내면의 아름다움이 빛나는 사람이 가장 아름다운 사람이라는 것이지요. 내면이 아름다운 사람은 어떤 사람일까요. 본래의 인간 모습, 나 자신의 본래 모습을 찾은 사람입니다. 본래 모습은 어떻게 찾을까요? 저마다 지닌 아름다움의 본성을 깨달아 자기 식대로 해답을 찾아야겠지요.

어디에도 흔들리지 않는 아름다움, 견고한 자기만의 내면을 가진 사람은 아무리 물질이 많아도, 아무리 가진 것이 많아도 그것에 얽매이지 않고 자기 스스로 그것의 주인이 됩니다. 생명 있는 모든 것을 사랑합니다. 아름다움을 자신만의 것으로 그치게 하지 않고 반사하여 상대로 하여금 더욱 아름답게 빛나게 합니다. 그런 아름다움을 간직한 당신이 오늘 참 아름답습니다.

63. 사람의 체온이 높은 이유는 봉사를 위한 것

봉사하는 삶이란 내가 남에게 손을 뻗는 삶입니다. 내 따뜻한 체온을 나눠 갖는 것입니다. 사람의 피가 뜨거운 이유는, 체온이 37도가 넘는 이유는, 그 따뜻함을 나눠 가지라는 명령입니다.

아무리 손이 차가운 사람일지라도 손을 건네고 다른 사람이 그 손을 잡으면 두 사람의 체온으로 따뜻해집니다. 혼자 추운 겨울을 빠져나가시렵니까, 서로 나누어 따뜻해진 손난로 하나씩 만들어 훈훈하게 보내시렵니까?

우리가 살고 있는 도회지 위주의 세상은 너나없이 매우 바쁘게 움직이지 않을 수 없습니다. 사회가 복잡해지고 세분화될수록 우리가 잊지 않고 가슴속에 간직하고 있어야 할 것들이 있습니다. 내가 아닌 다른 사람을 우선해서 생각할 줄 아는 이타심(利他心)에 눈뜨고 있어야 합니다.

세상이 다변화될수록 사회의 한구석에서는 고통스런 삶을 살고 있는 사람이 늘어나고 있지만, 남의 어려움이나 고통을 생각해주는 마음의 여유들이 없기 때문에 어려운 사람들의 삶은 더욱더 어려워지는 악순환이 되고 맙니다. 세상 사람들이 봉사를 그토록 강조하는 이유는 사회가 점점 각박해져가기 때문입니다. 체온을 나누어야 할 시린 가슴의 사람들이 많이 늘어나기 때문입니다.

20년 동안 전 세계를 돌아다니면서 자원봉사에 앞장서온 미국의 캐롤 네커 씨는 언젠가 우리나라를 방문해서는 "한 개인의 작은 공헌이 세계를 변화시키는 위대한 힘이 된다"고 하면서 어려운 처지에 있는 사람들에게도 눈을 돌리라고 했습니다. 그는 또 자원봉사는 봉사받고 있는 이들에게만 혜택이 있는 것이 아니고, 봉사자들 스스로도 놀랄 만한 자기 발견의 기회를 갖게 된다고 합니다. "돈도 없고 시간도 없다는 등의 이유로 자원봉사를 꺼리는 사람들이 있는데 그것은 단지 핑계일 뿐"이라고 일침을 놓습니다.

세계 모든 사람이 일주일에 한 번씩만 봉사해도 세계는 정녕 아름답게 변할 것입니다. 미국에서는 대여섯 살 된 아이들이 어린이병원에서 환자들을 위한 카드를 만들고, 박사학위가 세 개씩이나 있는 유명한 엔지니어도 바쁜 일정을 쪼개어 그 기술을 가지고 어려운 사람을 위해 봉사한다고 합니다. 자신의 능력에 맞는 봉사를 생활화하고 있는 것이지요.

남에게 봉사한다는 것은 참 어려운 일입니다. 그런데 또 그렇게 어렵지 않은 것이 봉사입니다. 먼 곳까지 차를 타고 양로원이나 복지시설에 가야 봉사가 되는 것은 아닙니다. 바로 이웃에, 근처에 봉사할 수 있는 일은 얼마든지 있으니까요. 봉사해야 한다는 생각은 누구나 할 수 있지만 실제 행동으로 보이기 위해선 그 하고자 하는 마음가짐의 수백 배에 달하는 노력과 실천이 뒤따라야 합니다.

우선 내 가족, 내 이웃에서 출발하여 그들을 새로운 눈으로 바라보아야 합니다. 평소 보이지 않았던 가까운 사람들의 어려움부터 헤아려 보살핀 뒤 차츰 그 대상을 넓혀나가는 것입니다. 세계를 올바른 방향으로 변혁시키는 힘은 바로 우리 개개인의 작은 봉사 의지와 실천이 모아졌을 때 가능한 것입니다.

남을 도울 때 일종의 '도취감'이 나온다고 합니다. 과학자들은 이것을 '헬퍼스 하이(Helper's High)'라고 합니다. 봉사를 하게 되면 어떤 희열감 같은 것이 나온다는 것이지요. 단순한 기부보다 접촉하며 봉사한 사람의 희열이 더 크다는 것입니다. 이들은 불면증, 만성통증도 줄고 감기도 잘 걸리지 않는다고 합니다. 특히 남에게 도움을 주는 사람은 그렇지 않은 사람보다 더 오래 산다는 게 통계로 나와 있습니다. 그러니 봉사는 '남을 돕는 것'이 아닌 '나를 돕는 것' 입니다.

　봉사는 내가 넘치기 때문에 나눠준다는 생각으로 해서는 안 됩니다. 그런 봉사는 값어치도 없고 따뜻한 손길도 아닙니다. 바로 나 자신을 위해 봉사하는 것입니다. 그래서 남을 돕는 것을 생활화하는 사람들은 한결같이 얼굴이 평화롭습니다. 자신을, 자신의 마음을 갈고 닦기 때문이지요.

64. 인내하면 병아리가 나온다?

학창시절, 책상 앞에 써놓은 글귀 중 빠지지 않는 것이 '인내는 쓰고 그 열매는 달다'는 것이었습니다. 지금 놀고 싶은 유혹을 참고 공부하면 나중에 받게 되는 그 과실은 달다는 얘기겠지요. 항상 보면서 되새기지만 매사 참는다는 것이 어디 쉬운 일인가요.

옛날에 어느 선비가 절에 가서 수도하던 중 선비의 급한 성격 때문에 세 번 참지 않으면 반드시 살인을 할 운명이라는 스님 얘기를 듣습니다. 그래서 '참을 인(忍)' 자를 세 개 얻어 가슴에 안고 집으로 돌아옵니다. 집에 와보니 마당에 웬 외간 남자 신발이 아내 신발과 나란히 놓여 있습니다. 당장 칼을 들고 방 안으로 쫒아 들어갈 마음이 들었으나 가슴의 '인(忍)' 자를 보고 한 번 참습니다. 방 안에 들어가니 아내의 발과 사내의 발이 뒤엉켜 있습니다. 또 가슴에 품은 칼을 들고 찌르려다가 가슴의 '인(忍)' 자를 보고 두 번 참습니다. 이번에는 머리 쪽을 보았더니 터벅머리 총각과 아내가 함께 잠을 자고 있었습니다. 다시 칼로 찌르려다가 가슴의 '인(忍)' 자를 보고 간신히 세 번째 참습니다. 그때 아내가 부스스 일어나 칼을 든 남편을 보고 놀라서 자초지종을 얘기합니다. 터벅머리 총각은 그동안 보지 못했던 그 선비의 아들이었습니다. 세 번 참아서 겨우 살인을 면했다는 옛이야기지요.

참는다는 것은 보통 수양이 없으면 하기 힘듭니다. 제일 가까운 것은 참지 못하고 내지르는 주먹이지요.

요즘은 하도 잘 참지를 못해서 곳곳에서 싸움입니다. 주차 잘못했다고 싸우고 차를 들이박고 내가 잘했다고 싸웁니다. 목소리 높여 싸우면 이기는 세상이니까요. 참고 참는 사람은 손해 보고 지는 사람으로 치부합니다. 설사 그렇더라도, 조금 손해 보더라도 참아야 합니다. 공덕을 쌓는 일입니다. 인내는 늘 저속차선입니다. 바삐 서둘지 않습니다.

불의를 참으라는 말은 아닙니다. 화를 참으라는 것입니다. 성내는 것을 참으면 의외로 쉽게 문제가 풀릴 수 있습니다. 참는다는 것은 뱃속 깊숙이에서 경박함을 이기고 솟아오르는 것입니다. 시간이 조금 걸리는 것입니다. 그러니 참을 순간에 참는 훈련을 자주 하는 것이 좋습니다. 여유를 몸에 배게 해야 합니다.

한 번 참으면 사람과 사람 사이가 좋아집니다. 사랑하는 사이라도 서로 참지 못하면 금방 헤어집니다. 헤어지고 돌아서 생각해보면 별일 아닌데 그 사이를 참지 못해 사이가 갈라집니다. 다시 가까이 가려고 해도 자존심이 허락하지 않습니다. 물을 쏟아버린 후에는 주워 담으려고 해도 힘이 듭니다. 참습니다. 아량이 따라옵니다.

두 번 참으면 사회의 모습이 달라집니다. 길거리에서 싸우는 일도, 일하면서 싸우는 일도, 다투는 일도 줄어듭니다. 거리가 밝아지고 저마다의 에너지로 생기 넘치는 세상이 됩니다. 건강한 사회가 따라옵니다.

세 번 참으면 우주의 모습이 달라집니다. 무심코 꽃을 꺾으려다가 참고, 침을 뱉으려다가 참고, 쓰레기 버리려다가 참고, 마구 쓰고 마구 오염시킬 일을 참으면 지구가 깨끗해지고 우주가 깨끗해집니다. 푸른 지구를 그대로 지킬 수 있습니다. 그러니 지구에 사는 사람으로서 가장 가슴에 새겨야 할 것이 인내입니다.

참으면 안 되는 것도 있습니다. 바른 정치를 하지 않는 사람에게는 참으면 안 됩니다. 그들에게 옐로카드, 레드카드를 들고 나가 맞서 국민의 힘을 보여주어야 합니다. 세상의 강한 어두움도 작은 촛불 하나를 죽일 수는 없습니다.

질서를 어지럽히고 주변을 혼란하게 하는 사람에게도 참으면 안 됩니다. 예의를 지키지 않고 방종하는 사람에게도 참지 말고 잔소리 해야 합니다.

알을 품고 있는 닭을 보면서 인내를 생각합니다. 스무날이 넘도록 물 한 모금 겨우 마시고 땀 뻘뻘 흘려가며 참고 참고 참으면서 자신의 품으로 알을 안고 있습니다. 어미 닭의 인내로 병아리들이 알을 깨고 하나둘 태어나면 그제서야 어미 닭은 걸음조차 제대로 못 떼면서 둥지에서 나옵니다.

참는다는 것은 고귀한 내면의 알을 품는 것입니다. 그 알을 깨고 '성숙한 인간의 모습'으로 자신이 새로 태어나는 것입니다. 자신의 삶을 더욱 빛나게 하는 일입니다. 누구나 배울 수 있는 기술, 바로 인내입니다.

65. 가슴 설레는 첫사랑의 그리움

가슴이 마구 뛰지요? 그리운 것입니다. 뭔가 뭉클한 게 솟아오르지요. 잊었던 첫사랑의 기억이 떠오릅니다. 마구 콩닥거리며 한 번쯤 보고 싶은 그 얼굴이 떠오릅니다. 옛 모습을 잃지는 않았는지, 어떻게 사는지, 나를 잊지는 않았는지. 첫사랑과 닮은 뒷모습만 보아도 얼굴이 상기되고 두근두근 가슴이 뜁니다. 그리움입니다.

그리운 것은 항상 상대가 있지요. 그와 나는 어떤 암호로 연결된 걸까요. 톡톡 터지는 그리움의 세포들은 어디에 숨어 있다가 지뢰밭처럼 솟아나 밟으면 터지는 걸까요.

온몸을 훑고 지나가는 그리움의 향기가 너무 진해 한동안 아무 일도 못할 때가 있습니다. 그저 옛 기억을 더듬어 그리움의 한때를 회상하고는 다시 꼭꼭 가슴에 묻어둡니다.

　그리운 사람, 그때 왜 좀 더 붙잡지 않았을까, 붙잡을 수 없었을까? 조금 후회도 섞입니다. 그러나 그리운 것은 그리운 대로 묻어둡니다. 다시 언젠가는 또 생각이 나겠지요. 뒷모습 부여잡고 옛 생각 하면서 가슴 설레도록 그냥 내버려둡니다. 차분히 가라앉은 듯하면 그제서야 그리움에서 빠져나옵니다.

　그리움은 내 마음의 큰 손수건입니다. 가끔 끄집어내 손도 닦고 얼굴도 닦고 눈물도 닦고 콧물도 닦고 그리고는 다시 집어넣습니다.

　살다보면 멀리 떨어진 가족도 그립고, 언젠가 감동받은 그때 그 풍경도 그립고, 어린시절 집 장롱 속에 숨겨두었던 알사탕도 그리운 것입니다. 그들과 나는 그리움이라는 끈으로 묶여 있습니다. 언제든 부르면 내 기억의 집에서 뛰어나와 위안을 주고 달콤함을 주고 애타는 마음도 줍니다. 내가 부를 때마다 언제나 나를 찾아올 수 있는 건 그들이 내 기억의 첫 페이지에 있기 때문입니다. 찾느라 고생하지 않아도 바로 뛰어나올 수 있는 가까운 곳에 있기 때문입니다.

　그리움이 없다면 우리 삶은 얼마나 허전할까요. 얼마나 무미건조할까요?

　누군가를 생각한다는 것, 그리워하는 것처럼 큰 위안도 없습니다. 생각하면 아쉬움만 클지라도 생각하는 동안은 동심으로도 가고, 청춘으로도 가고, 첫사랑 때문에 가슴 뭉클했던 순간으로도 되돌아갈 수 있으니 말이지요.

　아련한 추억을 만들어가는 것도 사람만이 할 수 있습니다. 그 추억의 공책을 펼쳐볼 수 있는 것도 사람만이 할 수 있습니다. 그리움이 많다는 것은 앞으로 남은 삶 동안 그런 그리움을, 추억을 많이 만들라는 약속입니다. 과거로부터 전해받은 그 약속이 그리움으로 드러나는 것입니다. 많이 그리워하고 그리움을 많이 만드는 것, 그것이 약속 잘 지키는 사람이 할 일이지요.

　나이가 들면 자꾸 뒤를 돌아보고 옛 추억에 잠깁니다. 그리워하는 것이 더욱 많습니다. 그리고 눈시울도 젖어옵니다.

66. 누구나 고독의 벤치에 앉아 있다

누구나 사는 동안은 고독의 벤치에 앉게 됩니다. 아무도 찾아오지 않는 그 벤치에 앉아 고독을 질겅질겅 씹지 않는 사람은 없습니다. 어차피 모두는 고독한 단독자입니다. 인간은 고독의 바다에 떠 있는 하나의 섬이라고 했습니다. 괴테마저 "영감을 받는 것은 오직 고독에서만 가능하다"고 했으니까요.

수없이 많은 사람이 옆에 있어도 그들은 내 마음을 모릅니다. 나를 아는 건 나뿐. 나의 고민도, 나의 소원도, 나의 행복도 다른 사람이 가져다줄 수 없습니다. 아무리 가까운 친구라도 그들은 이방인, 내 문제는 내가 풀어야 합니다. 고독한 존재인 나에게 고독은 바로 내 친구요, 이웃입니다.

역사상 뛰어난 인물들은 한결같이 고독했습니다. 높은 이상과 정신세계를 가지고 있었던 그들은 시대보다 앞선 사람들이었습니다. 그들의 사상과 정신을 보통 사람들은 전혀 이해할 수 없었으니 깊은 고독을 느끼지 않을 수 없었겠지요. 대화를 나눌 만한 상대를 찾지 못해 고독했지만, 그 고독 속에서 위대한 사상과 발명과 예술이 나왔던 것이지요.

고독에 깊이 빠져 헤어나지 못하는 사람도 있습니다. 고독의 깊이는 가늠하기가 힘이 듭니다. 시퍼런 바다보다 더 깊어 한번 잘못 빠지면 길을 잃고 헤매다 낭떠러지 앞에서 절망하기도 합니다.

때때로 고독은 삶을 정리하거나 반성하게도 해주고 사는 방향에 대해 일러주기도 합니다. 그러니 바바리코트 깃을 세우고 고독의 벤치에 앉아 한번쯤 고독의 맛을 보는 것도 그리 나쁘지 않습니다. 너무 오래, 너무 깊이 빠지지만 않으면 일상의 자극제요, 친구가 될 수 있습니다. 고독을 참고 견디고 이겨내야 그런 기쁨이 따라옵니다.

혼자 여행을 하거나, 산을 오르거나, 바닷가를 거닐거나, 깊은 숲에 앉아 있으면 절대 고독한 존재가 자기 자신임을 깨닫습니다. 그리고 가끔은 그것을 즐기기도 합니다. 그 시간만큼은 온전히 나 혼자입니다.

고독의 벤치에 오래 앉아 있을 수 없는 것은 돌아갈 곳이 있기 때문입니다. 나를 기다리는 존재들이 있기 때문입니다. 내가 아는 내 옆의 존재들이 나를 부르고 내가 그들을 부르기 때문입니다. 너무 깊이 빠지지 말라고 나를 흔들어 깨우는 것이 내 일상입니다. 한 뼘 곁 그리운 사람들입니다.

고독은 내 영혼을 살찌게 합니다. 사유의 폭을 깊게 합니다. 깊게 깊게 생각하다보면 모든 게 부질없고 쓸모없음을 알게 됩니다. 슬기롭게 고독에 빠지면 아무것도 아닌 고민을 하고 있다는 것을 알게 됩니다. 그리하여 툭툭 털고 일어나 "돌아가야지" 하고 왔던 길을 되돌아 나옵니다. 그러는 사이 내 영혼은 살찌고 내 가족과 이웃들은 더욱 그리운 존재가 되고 든든한 존재가 됩니다.

삶을 사는 동안 동반자로 항상 같이 걸어갈 고독, 고독에 한번 빠져보시렵니까?

67.
깃털 같은 포근함으로 용서를

용서 한번 하기가 그렇게 힘이 듭니다. 억울한 마음, 분한 마음이 하루 종일 따라다닙니다. 뒷간에 가도 찾아오고 밥 먹을 때도 찾아오고 일하는 도중에도 찾아옵니다. 분심(憤心)이라는 마군은 삼지창을 들고 마구 머리를 찌르고 가슴을 찌릅니다.

"내가 그렇게 잘못한 일인가? 자기가 뭐 그리 잘났다고!" 잠도 잘 이룰 수가 없습니다. 창문에 새벽 어스름이 찾아오고서야 겨우 잠이 들지만 이내 무거운 몸으로 일어나야 합니다.

시간이 해결해주겠지 하지만 시간이 지나도 가슴에 박힌 왕대못은 빠져나갈 줄 모릅니다. 가슴을 꽉 쥐고 누르는 것 같습니다. 그러다가 우연한 기회에 분한 상대를 만나 손을 잡게 됩니다. 생각해보니 서로 잘한 것도 없습니다. 서로가 서로를 용서합니다. 그 순간 머리가 확 뚫리는 것 같습니다. 그동안 짓누르던 바윗돌이 빠져나가고 왕대못도 뽑혀 나갑니다. 이때부터 밥도 잘 먹고 똥도 잘 싸고 잠도 잘 옵니다. 잔잔한 호수 같은 평온도 찾아옵니다.

용서하는 마음은 나를 호수 위에 떠다니게 합니다. 하늘을 둥둥 떠다니며 높은 곳을 날아가는 기분을 만끽하게 합니다. 사람 사이에 용서할 수 없는 일이란 없습니다. 모두 용서할 수 있습니다.

절대 용서할 수 없다고 발목을 잡는 것은 내 관념의 그물망입니다. 그물망에 갇힌 사람은 바로 나 자신입니다. 옴짝달싹도 할 수 없는 그물망 속에서 무엇을 해도 피곤하기만 합니다. 그러니 아예 생각을 고정시키고 몸을 혹사시키지 않으려고 합니다. 그물망을 찢고 나와야 합니다.

자기 아들을 죽인 사람을 용서하고 원수를 용서하는 사람도 있습니다. 보통 사람은 하기 힘든 그런 관용은 어디에서 나오는 것일까요. 그런 사람은 궁극적으로는 자기 자신을 위해 원수를 용서한 것입니다. 용서를 하지 않으면 살아 있는 내내 분함과 억울함의 노예가 되어 자신을 괴롭힐 것이기 때문입니다. 원수를 용서한 순간부터 분함에서 해방된 자유로운 자신을 만날 수 있습니다.

채근담에서는 "남의 잘못은 마땅히 너그럽게 용서해야 하나, 자신의 허물은 용서해서는 안 된다"고 했습니다. 내 잘못과 허물을 용서하면 나태와 방종에 빠지게 되겠지요. 자신의 허물을 뉘우치고 경계하라는 말입니다. 용서해서는 안 되는 것은 자신의 허물이지 남과의 관계에서 용서 못할 것은 하나도 없습니다. 남을 용서하면 내가 이렇듯 넉넉한 사람이었나, 용서의 힘은 대단하구나 하고 느끼게 됩니다. 자신을 속박하던 마음의 사슬에서 벗어날 수 있습니다.

용서는 행복, 고요한 마음, 세상에 없는 아름다움을 가져다줍니다. 상처받지 않는 너그러움과 온전한 안식을 가져다줍니다. 용서는 평화의 메신저이고 내 온전한 영혼의 파수꾼입니다.

분노에 떨 때마다 용서는 매일 밤 잠들어 있는 우리의 이마에 깃털처럼 사뿐히 내려앉아 마군의 공격으로부터 우리를 지켜줍니다.

용서를 했을 때 느껴지는 하늘이 열리는 듯한 그 기분을 용서해 보지 않은 사람은 알지 못합니다. 용서 후엔 우리에게 사랑이 찾아오고 그 사랑을 우리는 처음부터 다시 배웁니다.

68. 순수, 근원으로 돌아가는

요즘은 순수하다는 말을 시대에 조금 뒤떨어진 말처럼 취급합니다. 순수한 사람을 보면 세상 물정 모른다고 하지요. 산속에 오래 있다가 나온 사람으로 취급받기 십상이지요. 그만큼 순수한 사람 만나기가 힘이 듭니다.

사람은 모두 순수했습니다. 살면서 순수에 때가 묻은 것이지요.

처음 아이가 태어났을 때를 생각해봅니다. 인간으로서 가장 순수한 한때입니다. 무슨 고민이 있을 수가 없지요. 타락할 수가 없지요. 먹고 자고 싸는 것이 일의 전부입니다. 먹고 싶으면 울고, 싸고 나면 또 울면 됩니다. 잠이 오면 자면 되구요. 아주 단순한 삶의 원리를 아이처럼 명료하게 하는 사람도 없습니다. 순수해지려면 이처럼 아이를 닮으면 됩니다.

조금 더 자란 아이가 바라보는 세상은 또 어떤가요. 아주 어린 아이라도 세상을 보는 그의 눈은 거짓말을 하지 않습니다. 보는 대로, 느끼는 대로 얘기하지요. 덧칠을 할 필요도, 가식으로 얘기할 필요도 없습니다. 눈에 보이는 그대로. 순수한 눈입니다.

어른들끼리 싸우고 있을 때, 가장 정확한 심판관은 옆에 있는 아이입니다. 어느 한편으로 쏠리지 않는 순수한 눈을 가졌기 때문에 잘잘못을 정확히 가려냅니다.

맑은 눈을 가진 사람을 보십시오. 성직자들의 눈은 유난히 맑고 투명합니다. 세상을 맑은 눈으로 바라봐야 하니까요. 맑은 것만 눈에 담아두니까 그들의 눈은 하나같이 투명합니다.

찌든 우리 삶을 되돌아보면, 순수한 것을 순수하게 못 보는 우리 눈이 문제입니다. 우리 눈이 너무 많이 타락했습니다. 좋은 것, 예쁜 것, 맛있는 것에 대한 생각도 엉뚱하게 갖고 있는 것이 많습니다. 남을 이기고 좋은 대학에 가고, 높은 자리에 올라가야 사회에서 성공한다는 공식도 바로잡아야 합니다.

다시 순수해지려면 얼마나 많은 겉옷을 벗고, 마음의 때를 벗기고, 탈피를 거듭해야 하는지 모릅니다. 그러니 그냥 사세요, 하고 말하는 게 더 쉬울지도 모릅니다. 그러나 그렇다고 하여도 인간 고유의 심성인 순수한 모습을 되찾으려는 노력을 게을리해서는 안 됩니다. 내 안에 조금이라도 남은 순수의 감정을 더 잃어서는 안 되겠기에 하는 말입니다.

순수는 근원으로 돌아가는 차표입니다. 인간 세상에 왔다 돌아갈 때는 처음 가졌던 그 순수한 마음을 가지고 돌아가야 합니다. 그러니 부지런히 순수의 공덕을 쌓아야 인간으로서 도리를 다하는 것입니다.

마음을 닦고 몸을 닦고, 순수한 사람을 친구로 많이 사귀어, 순수의 숲으로 인간 세상을 가꾸도록 부지런히 힘써야 합니다. 순수한 눈으로 바라보는 세상은 얼마나 아름다운 것 천지일까요. 기대되지 않나요?

69. 겸손은 가장 실천하기 어려운 미덕

자기를 남보다 낮추는 것은 쉽지 않은 일입니다. 실천하기 어려운 인간의 덕목 가운데 하나가 바로 겸손이지요. 그러나 진정 큰사람은 자신을 낮춥니다. 남에게 길을 내줍니다. 그것은 자기비하가 아닙니다. 자기비하를 일삼아 마음이 금방 허물어지는 사람이 아니라, 겸손한 사람은 속이 깊고 넓고 단단한 사람입니다.

바다는 가장 낮은 곳에 있기 때문에 세상의 물이 다 흘러들어옵니다. 낮추었다고 과시하는 법 없이 그저 자신이 있어야 할 자리가 가장 낮은 자리임을 알고 그 자리에서 드넓게 가슴을 펴고 모든 것을 포용합니다.

물은 모두가 싫어하는 낮은 곳을 향해 끝없이 흘러갑니다. 그래서 물처럼 세상을 살라고 합니다. 물은 그저 스스로 낮추는 것이 본성입니다. 대가를 바라거나 목적이 있어서 그렇게 흘러가는 것이 아니지요. 사심 없이 진정으로 자신을 낮추면 자연 사람들이 따르고 앞자리로 가게 된다는 것을 물이 일러줍니다.

노자의 『도덕경』에서는 "지도자란 모름지기 항상 낮은 곳으로 흘러야 백성들이 따른다"고 했습니다. 그런데 우리 지도자들은 자신을 스스로 높이며 강하고 무겁다고 말합니다. 그러니 자연 아래로 아래로 추락할 뿐이지요. 천성적으로 낮추는 사람은 부드럽고 연한 사람이라 당연히 위로 오르게 되어 있지요.

겸손하기가 참 힘이 듭니다. 겸손한 사람이 남보다 못나고 지식이 없어서 그런 줄 아는 사람은 겸손을 얘기할 자격이 없습니다. 겸손한 사람을 상대할 자격도 없습니다.

겸손한 사람은 우주 속에서 인간이 아주 보잘것없는 터럭 같은 존재라고 봅니다. 우주 단위로 보면 인간은 아무 존재도 아니지요. 그러면 저절로 우주와 자연에 대한 존경심이 생깁니다. 큰 질서 속에서 보잘것없는 자신의 위치를 생각하고 자신을 낮추는 것입니다. 그러니 겸손이 몸에 배어 있는 사람은 대단한 삶의 철학을 가진 사람이라고 보면 됩니다. 겸손은 나 아닌 다른 사람도 역시 신비한 존재요, 고귀한 존재로 보는 것에서 출발합니다. 그리하여 다른 사람도 공경할 대상으로 보아야 겸손이 우러나오는 것이지요.

우리는 살면서 겸손을 버리고 탐욕을 부리는 사람의 비참한 끝을 많이 봅니다. 만족을 모르고 욕심껏 지위와 권력과 부를 차지하려고 남을 밟고 올라선 사람은 아무리 높은 지위에 오르고 부자가 되어도 근심 속에서 살게 됩니다. 마음이 빈곤하니까요.

그저 자신이 가진 것에 만족할 줄 알고 겸손하게 생활하는 사람은 매일매일 보람되고 스스로에게 이득이 되는 일만 생깁니다. 그러기 위해 마음과 행동을 열심히 닦아야겠지요.

겸손한 사람 곁에는 많은 사람이 모여듭니다. 적이 없습니다. 바다로 물이 모이듯 사람들이 따르고 존경합니다. 낮추었더니 오히려 존경받는 이 역설의 논리가 겸손에도 있지요. 자연 그 겸손한 사람은 세상을 이끄는 큰 지도자의 재목이 됩니다.

자기를 사랑하고 인간을 사랑하고 자연과 우주에 고마워하는 사람, 겸손한 사람은 바로 그런 사람입니다.

70. 긍정, 일이 되게 하는 힘

일이 생기면 걱정부터 하는 사람이 있습니다. 안 되면 어쩌나 부정적인 생각이 먼저 앞을 가리지요. 그러면 사실 될 일도 안 됩니다. 되는 기운이 하나도 없으니 될 기운이 오다가 빠져나가는 것이지요. 그러나 항상 긍정하는 사람은 문제가 생기면 헤쳐나갈 생각부터 합니다. 우선 일이 되게 하는 것이 순서라는 것이지요. 어떤 사람이 더 현명한지는 안 봐도 뻔하지요.

매사에는 순리가 있습니다. 순서와 이치가 있다는 것이지요. 그 순리대로만 하면 막히는 일이 없습니다. 순리대로 사는 사람은 이 이치를 꿰뚫고 있습니다. 안 되는 순리를 몰아내면 되지 않을 일이 없습니다. 마구 꼬이고, 해도 안 되는 것은 순리가 뒤죽박죽되었기 때문이지요. 순리대로 사는 사람은 긍정적으로 사는 사람입니다.

긍정의 힘을 아는 사람은 매사 의욕적입니다. 도전적입니다. 친구들이 많고 주변을 환하게 만듭니다. 자기만의 속도가 있고 항상 여유가 있습니다.

긍정이란 신념과 굳은 의지에 대한 믿음입니다. 그 믿음은 희망으로 전이합니다. 주위 모든 것에 대한 애정으로 번집니다. '절대긍정'이란 어떠한 시련과 역경에서도 그것을 나를 성장시킬 수 있는 감사의 선물로 받아들일 수 있는 마음을 말합니다.

긍정하는 사람은 일단 한번 해보고 고쳐나갑니다. 막힘이 있을 때는 자기가 알고 있는 모든 경험치를 동원합니다. 헤쳐나가기 위해 많은 노력을 합니다. 하다가 도저히 안 되면 할 수 없는 것이지만 하기 전부터 미리 포기하는 일은 없습니다.

그러기 위해서는 내적인 성숙을 위해 많은 준비를 해야 합니다. 경험도 축적해야 하지만 지식도 많아야 합니다. 주변 사람도 자신의 재산입니다. 의욕적이려면 건강해야 합니다. 이런 여러 가지를 자신의 기초자산으로 갖추기 위해 매일 노력합니다.

긍정하는 사람은 자신을 나태함 속에 방치하지 않습니다. 그래서 긍정하는 사고는 더욱 굳센 긍정이 되어 일이 진행돼 나가게 하는 것입니다.

긍정하는 사람과 '예스맨'과는 차이가 있습니다. 질적으로 다릅니다. 예스맨은 순종적이고 수동적인 데 반해 긍정하는 사람은 적극적이고 역동적입니다. 자신이 스스로 일을 찾아합니다. 예스맨은 오로지 높은 직위에 올라가기 위해 수단을 동원하지만 긍정하는 사람은 직위를 탐내지 않습니다. 당연히 능력에 따라 직위가 보장될 테니까요.

사람이 살아가는 데 긍정이 미치는 힘은 매우 큽니다. 위험에 처하거나 힘들고 어려운 상황에 처해도 정신을 바짝 차리게 하는 것도 긍정의 힘입니다.

자연의 모든 만물은 긍정입니다. 자연의 모든 생물체는 자연의 흐름을 거부하거나 부정하지 않습니다. 그저 순리대로 살아갑니다. 우주 만물이 긍정으로 살라고 가르치고 있습니다. 꽃도, 나무도, 개도, 소도 다 아는데 사람만이 모르고 있습니다. 사람만이 고개를 가로젓고 있습니다. 그러니 힘들고 어렵게 사는 것입니다.

71.
가슴 넓은 사람이 이해해야지

　세상일은 이해할 수 있는 일과 이해할 수 없는 일로 나뉩니다. "아무리 생각해도 이해할 수 없어" 하는 일들도 있지요. 이해할 수 없는 사람도 있구요. 하루에도 몇 번씩 마음이 바뀝니다. 아침에는 이해하지 못했다가 저녁에는 또 금방 이해가 되기도 합니다. "그래, 마음씨 넓은 내가 이해해야지" 그러고 맙니다.

　이해라는 게 뭘까요. 대체 뭐길래, 이해가 오해도 낳고 생각을 천 갈래 만 갈래로 갈라놓아 마음속에 큰 파도를 만드는지. '마음씨를 넓게 가지라' 할 때의 그 마음씨는 또 어떻게 생겨먹은 걸까요. 무엇이길래 고무줄처럼 넓게도 좁게도 마음대로 할 수 있을까요. 평소에 쓰는 사람 마음은 곧 씨앗이고 세상은 논밭입니다. 그래서 마음씨란 말이 있는 것입니다.

"이해하는 사람이 되자"고 해도 막상 억울한 일에 부딪히면 이해고 나발이고 성질부터 납니다. 부부 사이에도, 남녀 사이에도, 사람과 사람 사이에도 이해할 수 없는 사연이 왜 그리 많을까요. 왜 그리 다투고 다시는 안 볼 사이처럼 화를 낼까요?

이해한다는 것은 내 마음을 먼저 상대의 다리에 놓는 것입니다. 그 다리를 통해 서로 화나고 오해했던 것을 소통하자는 것이지요. 사실 소통이 안 돼서 문제이지 서로 통하다보면 이해 못할 일도 없지요. 너그러워지면 모두 공평해집니다.

세상에 절대적으로 옳은 것은 없다고 합니다. 옳은 것이 변해서 이상한 것이 되고, 착한 것이 변해 사악한 것이 된다는 것입니다. 그러니 생각에 따라 이해가 변해 오해가 되고 이해 못할 일도 생기고 그런 것이지요. 따지고보면 다 이해할 만한 일입니다. 이해가 안 되는 일이란 거의 없지요. 마음의 까탈을 걷어내고 이해하고자 하면 그 사람이 바로 세상에서 제일 마음 넓은 사람입니다. 이해심 많은 사람, 시대가 요구하는 사람입니다.

이해의 첫 번째 조건은 생각의 중심에 무엇이 들어있나를 파악하는 것입니다. 생각의 중심이 머리에 들어오도록 하면 이해가 됩니다. 아무리 어려운 철학적인 얘기여도, 어려운 수학·과학 얘기여도 중심을 파악하고 공식을 파악하면 이해가 가지요. 그게 참 어려워요. 그래서 공부 잘하는 아이, 못하는 아이가 생기지요. 공부 잘하는 아이들은 이렇듯 중심을 파악하고 이해를 잘하는 것입니다. 이해 잘하기 위해서는 끊임없이 공식을 알고 중심을 파고드는 훈련이 필요하겠지요.

우리 머리는 참 복잡하겠습니다. 알아야 할 것 천지이고, 너그럽게 관용을 보여야 할 것 천지이고, 아둔한 몸뚱아리에게 행동을 가르쳐야 하는 것 천지이니 머리가 지끈지끈 아프다고 하겠지요.

그래도 머리는 질서정연합니다. 그러니 그 속에서 이해의 거미줄이 술술 풀려 나오는 것입니다. 이쪽 생각에서 저쪽 생각으로 척 걸쳐져 아름다운 이해의 집을 짓는 것입니다. 마음씨 넓은 사람이 짓는 이해의 집은 그렇게 따뜻하고 편안할 수가 없습니다.

72. 고마움을 모르면 사람이 아니지요

사람만이 할 수 있는 것이 또 있습니다. 고마움입니다. 고마움을 느끼는 것입니다. 고마움을 모르면 사람이 아니지요.

입에 "고맙습니다", "감사합니다"를 달고 다니는 사람이 있습니다. 매일 매사가 그에겐 고마운 것 천지입니다. 스쳐 지나는 바람결도 그에겐 고맙습니다. 무수히 쏟아지는 저 햇살도, 별빛도, 달빛도 한없이 고맙습니다. 길에 차이는 돌 하나도 허투루 보지 않습니다. 어디에서 어느 만큼의 세월을 구르다가 바로 내 앞에 떨어졌냐고 반갑게 바라봅니다.

반갑고 고마운 눈으로 바라보면 모두가 고마운 것입니다. 고마운 마음만 가득하면 세상에 증오와 악이란 없을 것입니다.

앉은 자리가 꽃자리니라
네가 시방 가시방석처럼 여기는
너의 앉은 그 자리가
바로 꽃자리니라

구상 시인의 〈꽃자리〉라는 시지요. 내가 앉은 지금 이 자리를 한없이 고맙게 느끼는 마음, 화사한 꽃 무더기로 장식된 화려한 자리로 느끼는 그 마음, 그런 마음으로 세상을 보면 모두가 아름답고 감사하지요.

어린이에게도 배우고, 나이든 할아버지에게도 배우고, 시린 마음을 녹여주는 바로 옆 사람이 있어 내 외로움을 견딜 수 있으니 온 세상은 감사한 사람 천지입니다.

감사란 다른 사람이 나에게 어떤 도움이 되었는지를 인정하고 말과 행동으로 고마움을 표현하는 것입니다. 감사할 만한 일에 감사하는 것은 누구나 할 수 있습니다. 진정한 감사는 도저히 감사할 수 없는 일조차 감사할 줄 아는 것입니다. 그것이 행복으로 가는 길이라고 합니다.

강도를 만나서 돈을 빼앗긴 사람이 다치지 않고 돈만 빼앗겨서, 이 나이 먹도록 이번에 처음 이런 일을 당해서, 내 가족 중 누군가가 아니고 내가 당해서, 나 대신 다른 사람이 당하지 않아서 감사했다고 합니다. 우스갯소리지만 이런 감사의 정신이 있어야 한다는 것이지요.

　매사 고마움을 느끼는 사람에게는 저절로 존경이 따라옵니다. 그런 생각과 자세를 배우려고 구름처럼 사람들이 몰려옵니다. 질투하고 시기하고 전쟁을 벌이는 사람들은 감사하는 마음이 없는 사람들입니다. 사람 사는 세상에 뭐 그리 사치스러운 감정들을 늘어놓아야만 할까요. 서로를 못마땅히 여기고, 미워서 못 살고, 보기 싫어 안달입니다. 서로 죽이지 못해 총부리를 겨누기도 하지요. 함정을 파고, 속이고 강제로 빼앗기도 합니다. 모두 고마워하는 마음이 없기 때문입니다.

　마음 한 자락에 항상 매사에 고마워하는 마음이 있으면, 인간에게는 애시당초 없었던 시기·질투·증오·전쟁은 없을 것입니다. 살다보면 남을 미워할 일도 더러 있겠지요. 싫어하는 분별심도 생기겠지요. 그런 마음이 생길 때마다 고마움의 용광로에 모두 녹여 그때그때 없애야 하는 것입니다. 아주 작은 것에도, 바람결에라도 고마움을 느끼면, 그런 훈련을 하면 눈에 보이는 모든 것은 고마움의 용융이 되어 마음에 큰 용광로를 하나 마련할 수 있을 것입니다.

　용광로에서 콸콸 쏟아져 나오는 감사의 선물은 밝게 빛나는 내 영혼입니다. 바로 즐거운 마음으로 서로 존경하는 마음입니다. 반갑고 고마운 세상입니다.

보이는 모든 것의 손을 부여잡고 이렇게 보여주어, 이렇게 만나게 되어 고맙다고 악수해야 합니다. 마음부터 벌써 훈훈해져옵니다. 항상 지금 이 순간을 감사하면서 삽니다.

73
단순한 것이 우주의 질서

세상은 참으로 복잡한 것투성이입니다. 알아야 할 것, 보아야 할 것, 생각할 것투성이입니다. 단순하게 살기란 참으로 어렵습니다. 단순하게 살면 시대에 뒤떨어지고 자꾸 뒤처질 것만 같습니다. 남들 아는 것, 하는 것 정도는 따라가야 세상 잘 사는 것 같습니다. 그러니 스트레스는 쌓이고 하루하루 괴롭습니다. 꼭 진화가 덜 되는 것은 아닌지 걱정입니다.

세상은 그래도 바삐 움직이고 엄청난 속도로 굴러갑니다. 아무리 쫓아가려고 해도 가랑이만 찢어집니다. 일은 산더미처럼 쌓이고 왜 이리 머릿속에 담아두어야 할 것들은 많은지요. 새벽부터 밤늦게까지 쫓아다니지만 무엇을 하는지도 모르겠고 마음은 채워지지 않습니다. 늘 부족한 마음만 가득합니다. 이리 살아도 되나 의문만 가득합니다.

자, 이제 과연 무엇을 위해 살아가는지를 잘 살펴봅시다. 주변을 둘러보면 대부분 종종걸음을 칩니다. 그러나 잘 살펴보면 그렇게 종종걸음 치지 않는 것도 있습니다. 자신의 속도로, 자신의 습성대로 움직이는 것도 있습니다.

해는 아침에 떠서 저녁에 집니다. 봄, 여름, 가을, 겨울이 어김없이 지나갑니다. 눈 뜨면 먹고 싸고 자고, 그러다가 죽습니다. 씨앗은 땅에 묻혀 싹이 돋아나 자라 꽃을 피우고 열매를 맺습니다. 허투루 하는 일이 없습니다. 단순명료한 그 일을 시간이 지나도 되풀이합니다.

단순이란 복잡하지 않고 간단한 것을 이릅니다. 일을 아예 안 하거나 게으른 것을 얘기하는 것이 절대 아닙니다. 생략하는 것이 절대 아닙니다. 자신을 열어야 합니다. 많이 열면 열수록 단순해집니다. 일을 하면서도 복잡하게 늘어놓고 하는 것이 아니라 주변을 정리해놓고 하는 것입니다. 분명하게 하는 것입니다. 맑고 밝게 하는 것입니다.

일을 하기 전 그 일에 대해 깊게 생각해보면 일에도 길이 있음을 알게 됩니다. 그 길을 곧장 가는 것입니다. 에둘러, 힘들게 일을 만들어가는 것이 아니라 명쾌하게 일을 하는 것입니다. 그래서 일머리를 알면 일이 쉽고 빨리 끝난다고 합니다. 물질계의 흔들리는 유혹을 내려놓고 깨끗한 생각으로 자연스럽게 생활하는 것입니다. 소유욕과 이기심을 버리면 단순하게 살 수 있습니다.

복잡하게 사는 가장 큰 이유는 욕심 때문입니다. 많이 갖고자 하는 욕심, 꼭 내가 가져야 한다는 욕심, 내 것이 많아야 한다는 욕심이 원인입니다. 그런데 그 욕심이란 한도 끝도 없어서 만족이란 있을 수 없습니다. 그런 마음으로 살면 항상 미진하고 뒤끝이 후련하지 않습니다. 그러나 한 생각을 놓고 욕심의 끝자락을 놓으면 일이 쉬워집니다.

두 개를 얻기 위해 한 시간을 썼다면, 30분 동안 일해서 한 개만 얻고 나머지 시간은 더 많은 것을 얻는 데 투자합니다. 하고 싶은 일에 남은 시간을 씁니다. 생각을 정리하고 마음을 닦는 데 씁니다. 힘은 덜 쓰고 얻는 것은 많은 생활, 욕심을 놓으면 따라옵니다.

단순하게 사는 사람은 시대에 뒤떨어지거나 능력이 없는 사람이 아니라, 인생을 더 풍요롭게 사는 사람입니다. 살면서 하고는 싶은데 시간이 없어서 못하는 일들이 얼마나 많습니까? 바로 지금 이 자리에서 가장 소중히 해야 할 것은 무엇인지 생각해봅니다. 그러기 위해 무엇부터 해야 하는지, 무엇을 버려야 하는지를 생각합니다.

가장 먼저 생활을 단순화하고 진정 원하는 곳에 시간을 쓸 수 있어야 합니다. 주변을 정리하고 하고 싶은 일을 위해 필요 없는 것을 버리면 자기만의 스케줄을 만들 수 있습니다. 그것이 단순하게 사는 삶입니다. 그렇게 했을 때 보람 있고 행복한 삶이 따라옵니다.

지구 생물 중 인간만이 이렇듯 복잡하게 살고 있습니다. 복잡하게 사는 만큼 잃어가는 것도 많습니다. 여유가 없다보니 감정은 메말라가고 많이 다툽니다. 인간에게 원래 잠재되어 있는 따뜻함을 살려야 합니다. 인간의 잠재된 따뜻함을 살리는 것은 단순한 삶에서 시작할 수 있습니다. 어렵지만 가야할 길, 지금까지의 고정관념을 버리고, 머리를 비우고 가슴을 열고 새롭게 시작합니다. 단순하게, 손쉽게, 그렇지만 맑고 뜨겁게.

74. 소박한 삶, 군더더기를 없애는 삶

듀안 엘진이라는 미국 사람은 『소박한 삶의 철학』이라는 책을 통해 "소박한 삶이란 숲속에서 은둔해 사는 것도, 가난하게 사는 것도 아니다. 그것은 겸손한 소비와 생태계에 대한 배려, 인간의 내적인 성장이 조화되는 삶이다. 스스로 선택하여 사는 소박한 삶은 빈부의 격차와 생태계 파괴라는 현대문명의 위기를 극복할 수 있는 새로운 문화운동이다"라고 주장하고 있습니다. 겉으로는 소박하지만 안으로는 풍요로운 삶의 방식이 소박한 삶이라는 것입니다.

누구나 생각은 있지만 소박하게 살기란 참 힘들기 짝이 없습니다. 뭐가 소박한 삶이냐 되묻는 사람도 있을 것입니다.

"나는 이미 충분하다. 가진 것도 없고 어울릴 사람도 많지 않으니 이 정도면 소박하다"고 하는 사람도 있을 것입니다. 과연 한번 제대로 물어볼까요. 나는 이미 충분히 소박한가. 소박하게 살기 위해 내 마음가짐은 어떠했나. 과연 소박하게 사는 것이 올바른 삶이라고 제대로 느끼고 있는가.

　소박한 삶이 이렇다 하고 정의를 내려주는 책은 없습니다. 헨리 데이비드 소로의 말처럼 "어느 누구도 나 때문에 나와 같은 삶의 방식을 택하게 되는 것을 원치 않기" 때문이지요. 그러니 공식은 없는 셈입니다. 저마다 각자 자신이 처한 현실에 맞게 자신의 소박한 길을 만들어야 한다는 것입니다.

　『소박한 삶의 철학』에서는 소박한 삶에 공식은 없지만 소박하게 사는 사람들에게는 일정한 행동이나 태도의 패턴이 있다고 합니다. 이를테면 "소비량을 줄인다, 유행보다는 오래가고 기능적이고 미학적인 것에 더 중점을 둔다, 상업화에 덜 편승하는 방법으로 휴일을 보낸다, 오래가고 수리하기 쉽고 오염 가능성이 적은 쪽을 선호한다, 가공식품 대신 자연적이고 소박한 음식을 먹는다, 가난한 사람에게 형제애를 느끼고 자원의 공평한 분배에 관심을 가진다, 자연을 존경하고 생태계 보존에 주의한다, 자신의 잠재력 개발을 위해 노력한다, 소박한 생활로 여유를 갖게 된 시간과 에너지는 가족·이웃·자원봉사·시민운동에 투자한다, 자신의 삶에서 불필요한 물건은 줄이고 복잡함도 줄인다, 자급자족할 수 있는 기술을 습득하고 전문가에 대한 의존을 줄인다, 남녀평등과 공동체 의식이 강하다, 대중교통을 이용하고 연료 효율이 높은 차를 선호한다"와 같은 것들을 들고 있습니다.

그러나 이런 것 모두 삶을 규정짓는 쓸데없는 것입니다. 외부로 드러난 부분일 뿐입니다. 이런 것 다 잊고 내 마음을 먼저 수리하고 점검합니다. 소박한 삶에서 제일 중요한 것은 변화가 자신의 안에서 어떻게 일어났는가 하는 것이기 때문입니다.

지금 시골 할아버지, 할머니들은 대부분 이런 소박함 속에 살고 있습니다. 최소한으로 생활하는 것은 물론 검약이 몸에 배어 있지요. 물, 전기 아껴 쓰는 것은 말할 것도 없구요. 자연환경을 생각하는 건 또 누구보다 자연스럽습니다. 뜨거운 물조차 지렁이들이 다친다고 함부로 버리지 않습니다. 자신이 쥔 모든 것을 내려놓고 마냥 베푸는 삶이지요.

마음이 움직여서 하는 것과 그냥 닮으려고 하는 것은 차이가 있습니다. 몸에 배어 삶에 대한 성찰로 이어지는 삶, 그것이야말로 소박한 삶의 완성인 것입니다.

돈이 많은 부자라 해도 이웃에게 관심이 많고 지구 생명체에 무한한 애정을 갖고 있는 사람은, 돈에 휘둘려 돈을 벌어야 한다는 욕구가 지나친 가난한 사람보다 함께 사는 사람들에게 훨씬 보탬이 되는 사람이지요. 남을 착취하고 비리를 저질러 돈을 모으는 부자들이 있는 반면, 그렇지 않은 부자들도 많이 있겠지요. 희망사항일지 모르지만 왜 없겠어요. 소박함이 가난하게 살라는 것은 또 아닙니다. 대체로 검소하게 살라는 것에는 일치하지만.

마음속에서 우러나는 자발적인 소박함에 대한 정의가 내려졌다면, 자신의 규모에 맞게 주체적으로 살면 되는 것입니다. 누구 눈치 보지 않고 스스로 원해서 사는 삶이라면 그 어떤 것이라도 소박한 삶의 출발이 될 수 있습니다.

다만 한 가지, 이 지구의 미래에 대한 생각은 하면서 살아야 합니다. 지구 환경은 지금 유례없는 재앙을 잉태하고 있습니다. 많이 소유하고 많이 먹고 많이 버린 결과입니다. 우리를 대신해 이 위기를 극복하게 해줄 수 있는 것은 없습니다. 바로 우리 인간 개개인의 노력이 합쳐져야 조금이라도 늦출 수 있습니다.

소박한 삶에서 멀리 떨어져 있는 사람은 아무도 없습니다. 바로 오늘부터 참여하고 협력하고 새로운 마음가짐으로 소박한 삶을 시작하면 됩니다. 새로운 봄은 모두가 환히 웃으며 맞는 봄이어야 합니다.

75. 느림은 여유입니다, 나태가 아닙니다

느림, 느리게 사는 것에 대해 많이들 얘기합니다. 화제가 된 책 때문이지요. 아마 조금이라도 더 빨리 가지 않으면 큰일 나는 시대에, 저마다의 가슴속에 있었던 '느림' 에 대한 가치가 솔깃했던 것이 겠지요. 그렇게 살고 싶은 갈망도 있었겠구요.

경영학자나 회사 경영자가 제일 싫어하는 말은 '느림' 이라는 말일지 모릅니다. 생산성과는 거리가 먼 단어니까요. "빨리빨리" 해도 적자가 나는데 무슨 얘기냐고 쌍심지를 켤지도 모릅니다. 모두가 빨리해서 생산성은 원하는 만큼 높아졌나요? 모두가 원하는 속도로 빨리하던가요?

요즘 우리 사회의 속도는 그야말로 빛의 속도라고 합니다. 속도가 느리면 오히려 화를 냅니다. 앞차가 경제속도로 가는데도 "진상"하면서 앞질러 갑니다. 핸드폰은 몇 달 안 가 최신형으로 바꾸어야 하고 유행에 둔감하면 삶의 의미마저 잃은 듯합니다. 그래서 우리 삶이 풍요로워졌나요? 더 좋은, 더 빠른 최신형을 찾기 위해 시간과 공력을 또 들여야 합니다. 브레이크를 밟을 수가 없습니다. 시대에 뒤떨어지니까요.

느림을 일반적으로 게으름, 나태, 무능력, 현실부적응으로 생각해왔습니다. 피에르 쌍소는 이 느림을 "삶의 선택에 관한 문제"라고 보고 "건강한 삶을 유지하는 데 절실히 필요한 삶, 시간에 쫓기지 않아도 되는 삶이 느림이며, 나를 잊지 않는 능력이고 세상을 받아들이는 능력"이라고 정의합니다.

몇 마디 말로 정의할 수 없는 것이 또한 '느리게 산다는 것' 입니다. 이것 역시 저마다 정의하기에 달렸고 자신의 속도에 맞게 재창조해야 하는 단어입니다. 지금의 속도보다 한 템포만 늦추면 새로운 것이 보이고 새로운 것에 눈을 뜨게 됩니다. 그저 한 걸음씩만 늦춰 걷는 겁니다. 별달리 생각할 것 없습니다. 의미마저 두지 않아도 됩니다.

핸드폰 없이 하루도 못 사는 사람들이 많습니다. 없으면 허전해 하고 안절부절못합니다. 있으면 얼마나 또 귀찮은 존재인가요. 숨을 곳이 없지요. 며칠만 핸드폰 없는 곳에서 살면 세상을 다 얻은 것 같은 느낌을 실감할 텐데요. 한 걸음 늦춰 걷는다는 것은 최신형 핸드폰이 나와도 한 번 건너뛰어서 참는 것입니다.

한 걸음씩만 늦춰 걸으면 그동안 보이지 않던 것이 보입니다. 발 아래 개미도 보이고, 하늘도, 구름도, 별도, 달도 보입니다. 항상 옆에 있었지만 잊고 있었던 것, 그렇지만 정말 소중한 것들이 눈에 보입니다. 그럼 그 순간만으로도 한 걸음 늦춰 걸은 성과는 충분히 얻은 것입니다. 눈을 가리고 있던 부연 안개를 걷어낸 것이니까요.

그럼 자연스럽게 "어쩜어쩜, 저렇게 예쁘지" 하면서 그들을 따뜻하게 바라볼 것이고 그렇게 바라보는 순간, 내 마음도 정화되는 것이니까요.

바쁜 일터, 빨리빨리 해도 생산성이 오르지 않는다고 하는 사장님들, 가만히 생각해보세요. 급히 가다가 기계가 멈추고 고장이 나거나 피로가 겹쳐 노동자들이 다친다면 급히 가도 간 것이 아닙니다. 기계도 과부하가 걸리면 멈추는 것 아닙니까? 천천히 정상속도로 가도 생산성에는 별 차이가 없습니다. 오히려 이리저리 고치는 시간에, 능률도 오르지 않고 짜증만 높아지는 작업장 분위기보다는 훨씬 생산적이고 능률적입니다.

텔레비전 광고에 이런 것이 있었습니다. 산사로 가는 숲길에서 스님의 말씀을 들으며 한 남자가 느린 걸음으로 걸어갑니다. 그리고 깔리는 내레이션. "이 시간만큼은 핸드폰을 꺼놓아도 좋습니다." 영혼의 목소리를 듣는 시간은 느리게 갑니다. 시간에 떠밀려가지 않습니다. 핸드폰도 필요 없습니다.

지금까지 내가 눈길 주던 것들 중에서 자연의 색깔은 얼마나 있었던가요. 너무 바빠 눈길 한번 주지 않던 것들, 조금 뒤처져서 걷다 보면 그런 소중한 것들이 보이고, 눈도 맑아지고 건강하게 오래 사는 비결도 얻게 됩니다. "무슨 일이든지 여유로운 마음을 남겨두면 조물주도 나를 시기하지 않고 귀신도 나를 해치지 않는다"는 채근담의 경구가 이를 증명하지요.

76. '비움'은 '채움'과 같은 이름

곧게 자라는 대나무 속은 다 비어 있습니다. 몸통을 비움으로써 빨리 위로 자랄 수 있었던 거지요. 바르고 곧게 하늘로 자라는 대나무, 그에게서 비움의 철학을 배웁니다. 자신을 비우고 내려놓으면 더 큰 것을 얻을 수 있다는 이 진리.

가볍게 살기로 마음먹으면 그 순간 수년의 시간을 새로 벌 수 있습니다. 가볍게 살면서 버리는 즐거움이 수백 수천의 무겁고 귀한 삶의 시간들을 얻게 합니다.

이제 소유의 개념이 바뀌고 있습니다. 트렁크 두 개만 있으면 어디든 떠날 수 있는 세대, 트렁크족 시대가 된 것이지요. 더 이상 내 품에, 내 안에 항상 두어야만 했던 시대는 끝난 것 같습니다. 내가 가진 것 하나 풀어놓으면 두 개, 세 개 다시 내게 돌아오는 그런 시대가 된 것입니다.

에리히 프롬도 산업사회의 근본 문제는 '소유'에 집착하는 삶의 방식에 있다고 했습니다. 산업이 발달하면 할수록 어떤 경력과 능력을 갖고, 어떤 배경과 성장 환경을 갖고, 자동차는 어떤 것을 타고, 몇 평짜리 집을 갖는지에 따라 사람을 평가하게 된다는 거죠. 그래서 더 많이 갖는 것이 더 나은 인간으로 평가받는 지름길이라고 생각하고 그야말로 물불 안 가리고 뒤도 돌아보지 않고 '과시적 소비'를 하지 않았던가요.

그러나 이젠 아무리 많이 가졌다 해도 그것이 곧 자신의 것은 아니라는 깨달음의 시간이 온 듯합니다. 그것은 곧 모든 것을 잃을 수 있다는 불안감에서 출발한 것이 아닌가 합니다. 에리히 프롬도 결론적으로 진정 행복해지려면 소유가 아닌 자신의 존재에 집착해야 한다고 말합니다. 자기 존재에 충실한 사람은 그것이 곧 자신의 삶을 더욱 충실하게 해주기 때문에 일에 열중하게 되는 것이죠. 그런 사람은 다른 사람과 지구 생명체를 대할 때도 친근합니다. 언제나 열린 마음입니다. 인터넷 시대에 와서도 에리히 프롬의 '소유냐 존재냐'가 더욱 빛을 발하는군요.

가볍게 살고 '제로세팅'을 하면서 살다보면 돈도 절약됩니다. 그 돈들을 모아 이웃에게 아낌없이 나눠주는 '무소유' 정신으로 무장한 사람들이 하나둘 늘어나고 있습니다. 왜 이렇듯 그런 사람들이 마냥 부러운 걸까요.

비움은 '마음의 건강'을 돌보는 일입니다. 욕심을 버리는 일입니다. 그러나 보통 사람들은 마음 비우기가 그렇게 힘이 듭니다. 한 번 채워지면 비워내기가 그렇게 어렵습니다. 그러나 한 번 비우면 감사와 지혜와 따뜻한 온기가 채워집니다. 새로운 채움이 있습니다. 딱 한 번 하기가 그렇게 어렵지요.

겨울이 가까워오면 산은 옷을 벗습니다. 겨울을 준비합니다. 눈이 내리면 자기 몸에 쌓인 눈의 무게를 털어버릴 줄 알아야 합니다. 비워두지 못하는 나무는 이내 부러지고 쓰러지고 산의 일부가 되지 못합니다. 무게를 견딜 수 있을 만큼 준비하는 겨울 산의 비움. 겨울 산에 오르면 부러지고 찢긴 생채기가 난 나뭇가지를 많이 만납니다. 비워두지 못했기 때문에 상처를 입은 것입니다. 산은 또 이렇게 준비하고 상처도 내면서 오는 봄을 맞습니다.

비워두지 않으면 다시 태어날 수 없습니다. 그걸 자연이 가르쳐주고 있습니다. 자연의 한 몸인 인간도 다르지 않습니다. 기억이란 참 오묘해서 새로운 사실들이 들어오면 옛 기억의 일부는 어느 틈에 빠져나가고 맙니다. 그러니 많이 비워둘수록 많이 채울 수 있습니다. 많이 가지려고, 많이 먹으려고 하면 할수록 내 몸의 한계는 금방 드러납니다. 속을 비워야 맛난 것도 더 먹을 수 있지요. 진수성찬을 차려놓고도 먹을 수 없는 인간의 우매함, 바로 비워두지 않았기 때문이지요. 그러니 비운다는 것은 다시 채운다는 것의 약속입니다.

　천지만물은 다시 겨울을 맞고 새로운 봄을 준비합니다. 우리가 맞을 봄은 어떤 모습일까요, 준비하고 맞는 봄은 화사하고 향기롭습니다. 준비 없이 맞는 봄은 생채기가 나 향기도 맡을 수 없습니다.

72. 눈물 젖은 빵을 먹어야 비로소

나이 들면 자주 눈물을 흘립니다. 감정선을 잘 통제하지 못합니다. 아주 작은 일에도 눈물을 못 참게 되지요. 더 나이 들면 눈물이 말라 잘 나오지 않습니다. 할머니들은 곧잘 젊었을 때 너무 많이 울어서 눈물샘이 말랐다고 합니다.

사람들은 슬프거나 감동을 받았을 때 눈물을 흘립니다. 남이 흘리는 눈물만 봐도 눈물을 흘리는 사람이 있습니다. 슬픈 내용의 드라마나 영화를 보면서 우는 사람도 있습니다. 그래서 카타르시스를 느꼈다고도 하고요. 물론 맞아서, 아파서도 웁니다.

눈물은 어디에 숨어 있다가 나오는 걸까요. 눈물샘에 고인 눈물의 양은 얼마나 될까요. 슬픔을 눈물로 치료하지 못하면 사람들은 또 어떻게 될까요?

눈물을 흘리고나면 한결 후련합니다. 부부싸움을 한 아내가 누군가를 붙잡고 펑펑 울면서 하소연 좀 하고나면 속이 시원해진다고 합니다. 붙잡고 울 사람이 누구라도 있다면 그는 행복한 사람입니다. 혼자 방 안에 틀어박혀 엉엉 소리 내어 우는 사람은 좀체 봐주기 민망하지요.

눈물은 세 가지 층으로 되어 있답니다. 맨 겉은 지방층으로 눈물의 증발을 억제하며 눈꺼풀 끝에서 분비되고, 중간층은 가장 두꺼운 수성층으로 주눈물샘과 부눈물샘에서 분비되며, 맨 안쪽은 점액층으로 결막에서 분비되며 눈물을 안구 표면에 고르게 펴주는 역할을 한다는군요. 상처나 질병 같은 자극이 있거나 슬프거나 기쁨의 감정으로 나오는 눈물은 주로 주눈물샘에서 분비된다고 합니다.

사람에 따라 눈물이 많거나 적은 것은 감정 반응의 차이라고 합니다. 감정에 따라 나오는 정서적 눈물은 사람만이 가진 현상입니다. 감정으로 우는 것은 태어나고 몇 주가 지나야 나오는데 매우 높은 수준의 뇌 활동에 따른 것이라네요. 만약 눈물이 없다면 눈 표면의 세포가 말라 죽고 외부의 공격에 속수무책이 되므로 큰일이라지요. 자주 울어야 한다는 결론입니다.

그러니 통쾌하게 울어야 합니다. 눈물의 찌꺼기가 남아 미진하지 않게 뿌리째 뽑는 것입니다. 그래야 속이 후련합니다. 사람이기 때문에 우는 것입니다. 감정이 있기 때문에 우는 것입니다. 아프면 아픈 대로, 슬프면 슬픈 대로 참지말고 울어야지요. 인간이 흘리는 가장 숭고한 넋인걸요. 어금니 꽉 물고 참지말고 울고 싶을 땐 마냥 넋 놓고 우세요. 그럼 슬픈 감정은 슬며시 물러가고, 아픈 감정도 물러가고, 사람에 대한 원망도 조금씩 녹아 다시 화해의 손길을 뻗게 됩니다.

그러니 눈물은 아픈 감정을 씻어주는 해독제입니다. 눈물은 슬픈 기억을 녹여주는 제설기입니다. 매일 아픈 것만, 슬픈 것만 꾹꾹 눌러가며 살지말라는 신이 주신 영험한 선물이 눈물입니다.

눈물 젖은 빵을 먹지 않은 사람과는 인생을 논하지 말라고 했던가요. 지금은 가난해도 눈물에 적실 빵 한 조각 있는 것이 얼마나 다행한 일입니까. 그저 눈물을 양념 삼아 꾸역꾸역 먹고 다시 힘을 냅니다. 빵을 먹고 기력을 차리면 가난을 벗어날 방도도 있겠지요. 그러니 눈물은 아주 부정적일 때 사람을 일으켜 세우는 긍정의 화신입니다.

사람은 어떤 고난에 처해도 "다시 일어서야지" 하는 희망 쪽으로 결론을 세우기 마련입니다. 희망을 세우는 주춧돌이 눈물입니다. 그때 그 눈물이 있었기 때문에 오늘의 영광이 있고, 오늘의 평화도 있는 것이니까요.

나중에 늙어 눈물이 말라도 좋으니 젊어서 흘리는 눈물은 그저 나오는 대로, 눈물이 하고 싶은 대로 나오게 두는 겁니다. 눈물이 바다가 되어도 좋으니, 눈물이 씨앗이 될지니.

78. 새로운 삶을 위해 실천, 용기를 내어

계획을 세우면 뒤따라오는 것이 결단이고 실천입니다. 그런데 그냥 말뿐이고 계획뿐인 게 너무나 많습니다. 계획 공책은 수십 권인데 실천 공책은 단 몇 권밖에 안 되는 것이 사람입니다. 계획 세운 것을 다 실천하면 사실 몸이 열 개라도 모자라지요. 워낙 계획을 넉넉하게 세우니 그럴 수밖에 없긴 하겠지만 열 개 중 두세 개만 행동으로 옮겨도 그 사람의 인생은 훨씬 달라집니다.

생각만으로 그치는 것은 허위의식입니다. 자신의 지식과 의식이 정당하다고 생각하는 지식인들의 그것과 비슷한 것입니다. 실천해야 정당한 것이지요.

매일 집 뒷동산에 오르겠다고 계획했다 칩니다. 어제는 술 먹어서 못 가고, 내일은 눈이 와서 못 가고, 추워서 더워서 못 가면 일주일 내내 못 올라가는 핑계만 찾다가 계획은 수포로 돌아가고 맙니다. 작심삼일이 아니라 작심일일도 못 갑니다. 너무 빽빽하게 계획을 세우면 실천도 과부하에 걸립니다. 해야 할 일의 양과 자신의 시간 폭 안에서 움직이는 것이 실천입니다. 조금 느슨하게 시작해서 조금씩 조이는 것이 좋지요. 일주일에 한 번만 뒷동산에 오르는 것이지요. 일단 계획하고 결정했으면 한 번이라도 실행에 옮겨서 상황 판단을 하는 것도 좋겠구요.

그리 길지 않은 삶의 계획도 마찬가지입니다.

실천을 전제로 하는 계획이니 조금 느슨하게, 조금 완만하게 하는 것이 좋을 듯합니다. 자신의 지금 나이에서 5년마다, 아니면 10년마다 내가 어디에서 무엇을 하면 좋을지 설계를 합니다. 계획표대로 되는 일은 많지 않겠지만 계획을 세우고 마음을 자꾸 그쪽으로 두다보면 어느새 계획한 것의 목표 비슷한 언덕에 다가가고 있음을 느낄 수 있을 것입니다.

실천이란 끊임없이 생각하고 있는 목표를 향해 화살을 쏘아대는 것입니다. 그럼 그 기운이 그곳에 명중하여 일이 되게 하는 것이지요. 사실 화살이란 생각으로 쏘는 것이지만, 그 속에는 그곳에 가기 위한 염원을 담아 단계별로 차근차근 나아가는 실천의 발걸음이 있었으니 과녁 언저리에 꽂히는 것 아니겠어요.

내일은 오늘보다 나은 날이 되어야 합니다. 오늘보다 더 보람 있는 날이어야 합니다. 매일 똑같은 생각으로, 똑같은 일상을 지낸다면 얼마나 삶이 무의미할까요. 한 발씩 나아가는 삶에, 역동적인 삶에 자신을 놓으려면 실천할 거리를 많이 만들어야 합니다. 움직일 거리를 많이 만들어야 합니다. 그러려면 가장 먼저 설계하고 머릿속에 집을 지어야지요.

　나이에 상관없이 지금껏 계속 해왔던 일을 접고 그동안 하고 싶었던 일, 살면서 꼭 해야 할 일에 뛰어드는 사람도 있습니다. 안정된 직장을 때려치우고 봉사활동으로 남은 생을 보내는 사람도 있구요. 평소 그렇게 하고 싶었던 악기 연주자로, 예술가로 거듭난 사람도 있지요.

　하고 싶은 일을 하면서 사는 겁니다. 그러기 위해서는 용기를 내야지요. 실천을 해야지요. 용기와 실천은 사촌간입니다. 용기 있는 사람만이 삶을 후회 없이 삽니다. 이것저것 해보고 싶은 것을 열심히 해야지요.

　삶을 되돌아볼 나이가 되었을 때쯤 이런 삶을 살아서 참 좋았다, 그때 그 용기를 내서, 그런 실천을 해서 후회 없다 하는 그런 삶을 살아야지요. 누구에게나 존경을 받는, 다른 사람들에게 많이 베푸는 그 용기와 그 실천이 참 좋았더라 할 때가 되면 마침내 다 버리고 갈 준비가 된 것입니다.

실천의 첫 장에는 계획이, 두 번째 장에는 용기가, 마지막 장에는 보람 있는 삶이 펼쳐집니다. 기대하셔도 좋습니다.

79. 열정이 없다고 누가 그러던가요?

열정은 희랍어로 아도르(Ardor)입니다. 이 말은 '내 안에 신이 있다'는 뜻입니다. 흔히 우리가 '신이 들렸다'는 말을 하듯이 신들린 상태의 사람을 열정이 넘치는 사람이라고 하는 것이지요. 정말 신들린 듯이 일하고, 마음먹은 대로 사는 사람들 많습니다. 모두 열정이 그들을 그렇게 자유롭게 한 것입니다.

사는 것은 다 열정 때문입니다. 누가 그러던가요? 열정이 없다고. 열정이 없으면 한시도 살 수 없습니다. 서 있을 수 없습니다.

열정은 내 스스로 버티는 힘입니다. 그러니 열정이 없는 사람은 없습니다. 불같은 열정, 솟구치는 열정이 사람에게는 다 있습니다. 다만 그 열정의 정도가 휴화산인 사람, 잔잔한 호수 같은 사람, 용광로 같은 사람이 있을 뿐입니다.

열정은 한번 내뿜기 시작하면 바위산도 뚫는 기관차가 됩니다. 한번 내달리기 시작하면 히말라야 높은 산도 오르고 폭포 위로도 기어가고 깊은 바다 밑바닥까지도 헤엄칩니다.

열정을 잘 다스리는 사람은 그때그때 잘 구슬릴 줄 압니다. 쓰임새에 맞는 열정으로 무장하지요. 그런 열정이 필요합니다. 내 안에 꼭꼭 숨어 있는 장점을 폭발하게 해야 합니다.

일찍 자신의 마음을 들여다본 사람은 그 열정을 세상을 이롭게 하는 데 씁니다. 그저 내 마음만, 내 몸뚱아리만 온전하게 하는 데 쓰질 않지요.

열정은 에너지라고 합니다. 열정이란 우리 안에 항상 존재하는 에너지이기 때문에 누구에게나 다 있는 것이지요. 그것에 얼마만큼 다가가고 있는지가 문제지요. 그것을 얼마나 내 삶의 원동력으로 삼는지가 관건이지요. 충전을 해야 합니다. 단련을 해야 합니다.

마구마구 쓰기만 하면 안 됩니다. 마르지 않는 샘이 아닙니다. 고일 때를 기다려 퍼내야 합니다. 수도꼭지처럼 한번 잠그면 나오지 않습니다. 그러니 쓸 때는 콸콸 나오게 잘 열어두어야 합니다.

단단한 쇳조각도 단련시키기에 따라 갖가지 모양으로 변합니다. 풀무하고 제련하고 정제하고 두드려 쇠를 단련시킵니다. 두드린다는 것은 단단하고 단단하게 '단단함'을 덧붙이는 일입니다. 열정의 문을 자주 두드리고 자주 때려야 그 열정이 오롯이 살아납니다. 단단해지고 제 몫을 합니다.

열정이 숨어 있는 곳은 내 마음입니다. 마음의 자식이 열정입니다. 결국은 내 마음을 잘 단련시키고 훈련시켜야 열정이 제때 솟구치는 것입니다.

열정이 발동을 걸면 자신이 가진 모든 것을 남김없이 쏟아부어야 합니다. 집중해야 합니다. 그래야 미련이 없고 후회가 없습니다. 그러면 자연 뿌듯함도 따라옵니다. 열정을 다하면 자연 큰 성과도 따라옵니다. 설사 따라오지 않더라도 상관없습니다. 열정적인 자신을 발견한 것만으로도 대단한 성과입니다. 언젠가 다시 몰입할 열정이 솟아나올 바탕이 된 것만으로도 대단한 발견입니다.

무엇을 하든지 자신이 원하는 것에 모든 것을 바치는 자기만의 정신, 자기만의 기운이 열정입니다. 그래서 열정을 가진 사람은 한없이 아름다운 것입니다. 그 모습만 봐도 박수가 절로 나오고 닮고 싶은 사람의 전형이 됩니다.

더 넓은 세상 속으로, 우주 속 나를 찾아

"바람과 꽃의 청량하고 깨끗함과, 눈과 달의 넓고 청명함은 오직 마음이 고요한 사람만이 이러한 자연의 즐거움을 만끽하는 주인이 된다. 물과 나무의 무성함과, 메마른 대나무와, 돌의 소멸과 생장은 오직 유유자적하는 사람만이 이러한 자연의 즐거움을 누리는 권리를 갖는다.

고요할 때 생각이 맑고 깨끗한 마음의 참모습을 보게 되고, 한가로울 때 기상이 차분하면 마음의 현묘한 이치를 알게 되며, 담담할 때 정취가 담박하고 평온하면 마음의 참맛을 얻게 된다. 마음을 살피고 도를 깨닫는 데 있어 이보다 나은 것은 없다."

_채근담

한세상 잘 산다는 것은 무엇일까요? 삶을 더욱 풍요롭게 하는 것은 무엇일까요? 끊임없이 꼼지락거리면서 우린 무엇을 찾아 헤매는 것일까요?

항상 의문뿐이고 모르는 것투성이고 알아야 할 것투성이입니다. 답을 찾기 위해 헤매는 것이 인간일지도 모릅니다. 그런 것에 우리 삶의 의미가 있는지도 모릅니다.

모든 것은 마음이 만드는 것, 스쳐 지나는 바람결에도 스스로의 안부를 전하고 다른 사람의 안부를 귀담아 들어야 합니다. 산책하면서, 길을 걸으면서, 길을 떠나면서, 일하면서 우리가 보내는 시간, 하루 한나절은 얼마나 따뜻했나요?

어차피 죽음을 향해 달리는 삶, 돈이 삶을 좌우하지 않습니다. 더 넓은 세상으로 아무리 달려가도 우리가 닿아야 할 최종 안식처는 내 안의 마음입니다. 나 스스로입니다.

80. 배움의 길은 끝이 없어라

　사람은 평생 동안 배워도 모자란다고 합니다. 배운다는 것은 더 나은 세계로 가기 위한 필수 징검다리입니다. 어른들은 항상 말씀하십니다. "배울 것 천지인 세상이니라. 자고 일어나면 바뀌니 또 배워야 해."

　학교 다닐 때 공부하기가 그렇게 싫었는데 사회에 나와 공부 좀 안 하나 했더니 여전히 배워야 합니다. 아니 사회는 학교 다닐 때와 달리 만물박사를 원합니다. 모든 것에 관심을 열어놓아야 합니다. 배울 것 천지입니다. 알아야 할 것은 무궁무진합니다.

　배움의 창고 문을 닫아걸고 배우기를 포기한 사람은 무의미한 삶을 살기로 작정한 사람입니다. 그에게 시간은 무료 그 자체입니다. 사람과의 관계도 끊은 사람입니다. 그런 사람이야 세상에 없겠지요.

　알고 보면 사물은 참 새롭습니다. 그저 덤덤히 보고 지나고 말 일인데, 그 사물에 대해 듣고 배우고 나면 더 오묘하고 친근하게 다가옵니다. 사람과의 관계도 마찬가지고, 일도, 삶의 시간도 마찬가지입니다. 더 의미 있게 삶의 시간을 보내려면 세상에 대해 더 많이 알아야 합니다. 지혜의 눈이 뜨여야 합니다.

　환갑이 넘은 나이에 한글을 배우기 위해 공부를 시작한 할머니도 있고, 컴퓨터에 매달리는 일흔 넘은 할아버지도 많습니다. 사는 날이 그리 많지 않은 듯하지만 남은 삶 동안은 새로운 눈으로, 새로운 세계를 맛보겠다는 적극적인 삶이지요. 어찌 아름답게 보지 않을 수 있겠어요.

　배운다는 것은 먼저 사물과 상황을 잘 살펴보는 일입니다. 무엇이든 요리조리 잘 살펴보고 생각을 잘 다듬어야 합니다. 그러면 그 사물이, 그 생각이 더욱 잘 눈에 두드러지겠지요. 그때서야 비로소 안다고 하는 것입니다.

　그저 피상적으로 얄팍하게 아는 것도 많습니다. "뭐, 사는 데 그리 중요할까?" 하고 놓치는 것도 많습니다. 그러나 지식의 창고에는 쓸모없는 것이 없습니다. 다 잘 버무려져 지혜의 길을 내고, 포장하고, 고속도로를 냅니다.

배움은 남을 용서하기도 하고 불의에 분노할 줄도 아는 용기 있는 자신을 만듭니다. 항상 자신의 행동을 지키는 환한 등대로 자리하고 있는 것입니다.

그러나 아는 만큼 자주 잊어버리기도 합니다. 잊어버려야 또 새로운 것이 들어옵니다. 잊어버린다고 염려하지 말고 새로운 것을 많이 알려는 노력만 하면 됩니다.

배우는 마음은 항상 열려 있어야 합니다. 어린아이에게도 배운다는 자세가 있어야 합니다. 사물을 본 대로 얘기하는 아이들의 순수한 눈을 어른도 배워야 합니다. 아이에게서 배워야 할 것이 얼마나 많은가요? 나보다 나은 사람, 나보다 조금이라도 지식이 많은 사람에게는 무엇이든 배워야 합니다.

자신이 갖고 있는 지혜를 나눠주는 것에도 인색하면 안 됩니다. 자기의 지혜창고를 굳건히 닫아걸고 채우려고만 해선 안 됩니다. 내가 하나를 건네면 두 개, 세 개 다른 이들의 지혜가 돌아옵니다. 진정한 지혜란 배운 것을 잘 활용하고, 잊기 전에 다른 사람에게 잘 알려주어야 하는 것입니다. 실천해야 하는 것입니다.

지혜의 여신 미네르바는 부엉이를 사랑해서 언제나 부엉이를 데리고 다녔습니다. 지혜의 여신이 온갖 새 중에서 특히 부엉이를 좋아한 데는 깊은 상징성이 있습니다. 부엉이는 어두운 밤에도 앞을 볼 줄 압니다. 어둠을 뚫고 보는 눈을 가졌지요. 어둠 속에서도 부엉이의 밝은 눈으로 미네르바를 지혜의 길로 인도하는 것이지요.

배움은 부엉이처럼 어둠을 뚫고 앞을 내다보는 힘을 갖고 있습니다. 우리에게도 부엉이 한 마리씩 있나요? 깨달음의 길로 가기 위해 길을 밝히는 부엉이를 찾습니다.

81.
일하지 않고서야 어찌 사람이라 할 수 있으랴

일을 하지 않고는 먹고살 수 없습니다. 힘든 노역을 하든, 정신 노동을 하든, 집안일을 하든, 우린 일을 해서 그 대가를 받아 생활을 합니다. "땀 흘리지 않고서야 어찌 사람이라고 할 수 있으랴." 안치환의 굵은 목소리가 들리는 듯하지요.

세상에는 여러 종류의 일꾼들이 있습니다. 농부, 공장 근로자, 사무직 근로자, 자영업자, 기업가, 종교인, 정치인, 관료에 이르기까지 사회라는 수레바퀴의 한 축이 되어 저마다 고유의 역할을 하고 있지요. 그래서 이 큰 사회가 굴러가는 것입니다. 하는 일들도 많이 다릅니다. 돌아오는 대가도 물론 다르구요. 많은 시간 일한다고 돈을 더 받을까요? 그렇지 않습니다. 땀 많이 흘린 사람이 더 많이 받을까요? 그렇지 않습니다. 우리 사회는 아직 땀 흘려 일하는 사람보다는 정신노동자를 더 높이 대우합니다. 월급도 더 많이 주지요. 따라서 사회에는 여러 계층이 생깁니다. 이 계층은 결국 빈부차이로 이어지고 사회 불평등의 단초를 제공하지요.

어떤 사람은 노동에도 질이 있다고 합니다. 물론 있지요. 노동의 질이 가장 높은 사람은 누구일까요? 바로 농부입니다. 농부들이 없으면 우리 생존에 필요한 먹을 것들은 하나도 나올 수 없습니다.

농부의 노동 시간을 한번 볼까요. 새벽 5시에 일어나 아침 식전 일을 하고(2시간), 아침 먹고 오전 일 하고(3시간), 점심 먹고 조금 쉬었다가 오후 일을 합니다(5시간). 하루 10시간 넘게 밭을 기면서 육체적인 노동을 합니다. 그래도 일철에는 몸이 열 개라도 모자랍니다. 날씨가 도와주지 않으면 밤새 물과 씨름합니다. 그래도 겨울철에는 쉬지 않느냐구요? 겨울에는 다음 해 농사일 계획 짜고, 영농교육 받고, 메주 담고, 고추장 된장 담고…… 농가 살림살이라는 게 한가하게 겨울을 놀리도록 가만두지 않습니다. 설날이 지나면 다시 씨앗 붓고 모종을 키우는 농사 시작입니다.

노동 시간으로 따지면 다른 어떤 노동자보다 더 많은 시간을 일하는 농부들이 잘 먹고살고 있을까요? 농산물 값은 10년 전과 똑같은데 물가는 오르고 농자재, 원료비는 더욱 치솟았습니다. 그야말로 입에 풀칠하기도 빠듯하게 살고 있지요. 더군다나 농부들은 가장 하층민으로 천대받고 있습니다. 그래서 모두들 농촌을 떠나고 지금 시골에는 할아버지 할머니와 개들뿐입니다.

그래도 농부들은 내 밭에서 내 손으로 기른 농산물을 먹을 때 가장 보람을 느낍니다. 내 손으로 기른 것이 제일 맛있습니다. 그 낙으로 하루를 삽니다. 자신의 노동의 대가요, 노동의 맛입니다.

먹을거리를 책임지고 있는 농부들을 이렇듯 형편없이 대하는 나라는 빈곤한 나라밖에 없습니다. 조금 잘사는 나라의 농부들 신세와는 천지 차이입니다. 선진국은 국가 차원에서 식량을 책임지는 농부들을 우대하는 정책을 펴고 있지요. 국민 모두가 감사와 존경을 갖고 대합니다. 물론 농사지어 그만한 대가도 따라오구요.

공장 근로자는 어떻습니까? 이들은 가장 일선에 있는 산업 역군입니다. 하루 종일 쉬지 못하는 작업 환경에 야근이다 잔업이다 육체를 잠시도 쉴 수 없습니다. 게다가 외국 노동자들에게 자리를 많이 빼앗겨 그나마 있는 자리도 고마워해야 할 형편입니다. 임금은 사무직 노동자들의 3분의 2도 안 됩니다.

국제노동기구(ILO)는 '자유, 공정, 안전, 인간의 존엄성이 보장되는 조건에서 남녀 모두 사회적 기준에 맞는 생산적 노동을 할 수 있는 기회'인 양질의 노동이라는 개념을 만들어냈습니다. ILO는 양질의 노동 실현을 위해 작업장에서 노동기본권 보장, 남성과 여성의 고용 기회와 소득 증진, 사회보장 확대, 사회적 대화 촉진이라는 네

가지 전략적 목표를 설정했지요. 우리나라 양질의 노동 조건은 세계와 비교하면 최하위입니다. 저임금 노동자 비율은 OECD 회원국 30개국 가운데 1위, 성별 임금 격차는 1위, 인구 10만 명당 산재 사망자 수도 1위였습니다. 연간 노동 시간도 물론 1등이었지요. 역시 1등은 도맡아 하는군요.

사람은 노동의 대가로 육체와 정신이 안정을 얻어야 합니다. 인간이 인간답게 살기 위해서는 없어서는 안 되는 것이 노동이니까요. 노동이 한 인간에게 보람과 만족감을 줄 때는 행복한 존재이지만 반대로 끝없는 육체적 고통과 소외감만을 불러일으킬 때는 빈곤과 소외의 씨앗이 될 수 있습니다.

노동은 인간과 자연의 관계이면서 동시에 인간과 인간의 관계입니다. 사회 전반적으로 노동에 대한 가치관의 변화가 필요합니다. 먹을 것을 책임지고 있는 사람, 가장 중요한 곳에서 힘들게 일하는 사람, 전문기술을 갖고 일하는 사람들을 사회 전체적으로 위하고 배려하고 새로운 시각으로 자리매김해야 합니다.

노동은 신성합니다. 빵 한 조각도 그냥 앉아서 먹어서는 안 됩니다. 일하지 않은 사람은 빵을 먹을 자격이 없습니다. 땀 흘리면서 일하는 사람들은 아름답습니다. 땀 흘리며 일하는 사람은 인간의 진정한 가치를 압니다. 땀 흘려 일하는 당신에게 가끔 휴식할 것을 명합니다. 정신으로 피곤한 몸을 치유하시길 명합니다.

82. 여가 언제 있으세요?

"여가 언제 있으세요?" 하고 물으면 대부분 여가가 없다고 합니다. "언제든지" 하는 사람도 막상 짬을 내기란 참 힘이 듭니다. 꽉 물려 돌아가는 곳이라 좀처럼 시간 빼기가 어렵습니다. 직장이라면 윗사람 눈치도 봐야 하고 동료 눈치도 봐야 합니다.

주5일근무제라 하지만 하루는 온종일 잠으로 보내고 하루는 밀린 집안일, 아이들 돌보기로 주말 이틀이 금방 지나갑니다.

여름철 공식 휴가를 가지만 모두들 휴가 시즌이라, 가고 오는 사람과 차에 밀려 시달리다보면 이건 휴가인지 사람 구경인지 이런 북새통이 따로 없습니다. 어디 한적한 곳에 가서 머리 좀 식히고 싶은데, 쉬 달아오른 양철 쪼가리 같은 몸뚱아리 좀 누이고 싶은데 그건 생각뿐, 생각처럼 쉽지 않습니다. 한 평도 안 되는 내 몸을 편히 누일 곳이 마땅치 않습니다.

이렇듯 현대인들은 다람쥐 쳇바퀴 돌듯 되풀이되는 일상 속에서 휴식을 갈망합니다. 여가가 주어져도 제대로 쉬질 못합니다. 지금 이런 생활 외에 더 나은 세계가 있는지 잘 모릅니다. 피곤만 덕지덕지 앉은 몸으로 여유라는 시간을 보내고 있는 당신. 곰곰이 눈을 감고 생각해봅니다.

이렇게 바쁘게 살고 있는 나란 사람은 누구입니까? 이렇게 나를 잊고 살아도 되는 건가요? 이런 삶이 온전한 건가요?

물론 바삐 사는 게 나쁘다는 건 아닙니다. 너무 무의식적으로 주어진 삶의 시간을 허비하진 말자는 것이지요. 한번쯤 뒤돌아보고, 잊었던 자신도 좀 찾고, 주변에 뭐가 있는지 좀 보면서 삶을 깨달아가는 시간으로 여가가 쓰여야 합니다. 재충전의 의미를 제대로 살려야지요.

시간이 한없이 주어진다고 그렇게 할 수 있는 것도 아닙니다. 한꺼번에 많은 시간이 주어지면 오히려 주체할 수 없습니다. 이미 길들여진 삶의 방식이 있으니까요. 없는 중에도 잠시 잠깐 고개를 들어 하늘을 보는 것부터 시작합니다.

이제 내가 하고 싶은 것은 무엇인가요? 자발적으로 가장 즐겁게 원하는 것을 찾습니다. 그것에 시간을 쏟을 틈을 만듭니다. 한 시간

일찍 일어나도 좋고, 점심시간을 쪼개어도 좋고, 퇴근 후 한 시간을 활용해도 좋습니다. 틈은 만들면 얼마든지 만들어낼 수 있습니다. 그 시간을 가장 즐겁게 할 수 있는 자신만의 일에 투자합니다. 문화 예술 활동도 좋고, 건강도 좋고, 종교나 봉사활동도 좋습니다. 다시 에너지를 얻을 수 있는 자신만의 활동을 찾는 것입니다. 다만 전적으로 일에서 떠나야 합니다.

프리드먼과 리즈먼은 인간 행동 유형을 둘로 나누어 여가를 설명합니다. 한 유형은, 매일 바쁜 시간과 과도한 경쟁 충동에 시달리는 사람으로 이들에게 여가란 시간 낭비입니다. 이들은 오랫동안 시간과 투쟁하며 자신을 만성 심장질환과 죽음의 구렁텅이로 몰아가고 있습니다. 또 한 유형은 여유 있게 생각하고, 아주 다르게 보이는 몇 가지 사건과 과정들을 조합하여 놀랄 만큼 새롭고 훌륭한 대안을 만들 수 있는 사람입니다. 이런 사람들은 여가를 효과적으로 활용하는 사람들이라는 것이지요. 어느 유형이 건강에 더 유익한지는 뻔하지요.

여가를 제일 잘 보내는 방법은 마음의 평화를 찾는 심신 수련을 하는 것입니다. 내 마음의 기쁨을 찾아가는 일입니다. 마음 수련은 잠시 휴식하는 일이 아니며, 남은 삶 기간 내내 여유로운 마음을 갖게 합니다. 이 순간을 구속하고 있는 모든 것에서 잠시 해방합니다. 그러면 더 가치 있는 일들을 할 수 있습니다.

83
생각만 해도 가슴 설레는 산책

생각만 해도 가슴 설레지요. 산책한다는 것. 아무도 없이 혼자 고즈넉한 숲길을 산책한다고 생각해보세요. 시간은 그대로 멈추어버린 것 같고 풀벌레 소리, 새소리, 시냇물 소리만 들려옵니다. 숲에서 나오는 향기는 폐부 깊숙이 스며들어와 모든 삶의 찌꺼기를 녹여내는 듯하지요. 이런 시간들 있었나요? 이 좋은 것을 왜 아직까지 제대로 느껴보지 못했나요?

옆에 딱 한 사람만 있어도 좋습니다. 사랑하는 사람이어도 좋고, 친구여도 좋고, 가족이어도 좋지요. 그저 두런두런 지나온 날들, 살아갈 날들 얘기하는 벗 한 명 옆에 있으면 더욱 좋지요. 둘이 나누는 영혼의 대화를 참새들이 방해해도 상관없습니다. 새들은 뭐 그리 할 말이 많은 걸까요. 잠시도 쉬는 법이 없습니다. 자기 집에 무슨 볼일이 있어 왔냐고 따져 묻듯 합니다. 그러니 손님인 우리는 숲에서 조용조용 잠시 머물다, 머리를 식히다 와야 합니다.

사는 일을 생각합니다. 제대로 사는 일을 생각합니다. 살면서 생긴 고민을 생각합니다. 그리고 실타래 풀듯 한 올 한 올 엉킨 생각을 풀다보면 해결할 묘수도 생각나고 사는 길도 조금 넓어지는 것 같습니다.

산책하는 시간만큼은 오로지 참 나로 돌아갑니다. 이 넓은 인생이라는 바다 위에서 조각배 타고 바람에 흔들리며 노 저어가는 단독자임을 실감합니다. 그런 나를 알게 되면 삶에서 생긴 문제를 풀 사람은 오로지 나 스스로임을 깨닫게 됩니다. 나 스스로 만든 문제이고, 내 안의 마음이 일으킨 고장임을 알게 됩니다. 그리고 그 마음을 달리 먹으면 문제가 간단해진다는 것도 알게 됩니다.

산책하다보면 다시 '나' 자신으로 돌아옵니다. 나의 문제로 돌아옵니다. 나를 발견합니다. 방황하다 돌아온 지치고 멍든 나 자신을 다독여줍니다. 피곤한 내 등을 두드려주고 "함께 다시 잘 가지 않으련" 하고 손을 내밉니다. 그러니 아무리 토라진 새침데기 내 마음도 그새 풀려 나와 내 마음이 함께 산책길을 같이 걷게 됩니다.

산책길에서는 심각한 일도, 애매한 일도, 두려운 일도 모두 풀어냅니다. 이 시간만큼은 그저 위로받고 싶습니다. 다 놓여나고 싶습니다.

　생각은 천 갈래 만 갈래로 갈라집니다. 끝도 없는 시비에 휘말리기도 합니다. 그러다가 산책의 길에서 돌아오는 길에는 혼란 속에서도 정리가 잘 됩니다. 오히려 혼란하지 않았다면 찾을 수 없을 그 평온한 기운을 느낍니다. 정갈해지는 이 느낌, 그것은 다시 희망입니다. 주먹을 쥐고 "다시 한번 해보는 거야" 하고 가능성을 열어놓습니다. 일어서려는 의지 앞에 모든 것이 정리됩니다. 그래서 영혼의 윤활유가 산책이라고 했습니다.

　산책의 길에서 나를 위로해주는 것은 자연입니다. 위안을 얻는 것은 그 숲과 숲의 주인인 생명이 있는 것들 때문입니다. 그들이 다 내게로 달려와 함께 등을 두드려줍니다. 그래서 혼자 걷지만 외롭지 않습니다. 마음이 편안한 것입니다.

　항상 혼자인 것 같지만 위로받는 존재가 인간입니다. 자연은 끝없이 인간에게 줍니다. 주기 때문에 인간의 눈길과 사랑을 받는 것입니다. 자연을 바라보는 사람의 눈길에 자연의 위로가 실립니다. 따뜻한 자연의 기운이 실립니다. 산책길에서 보는 것만으로도 무한한 안도감과 희망의 의지를 얻는 것은 자연과의 교감에서 얻는 선물입니다.

　동네 공원을 한 바퀴 돌아도 좋습니다. 어두운 밤, 무작정 길을 걸어도 좋습니다. 외곽으로 드라이브 나가서 호숫가를 한 바퀴 도는 것도 좋겠지요.

자연주의 사상가 헨리 데이비드 소로는 산책을 할 때는 되새김질하는 동물인 낙타의 발걸음을 흉내 내는 것이 좋다고 권합니다. 자신의 행동을 반추할 수 있는 동물이 바로 사람입니다.

우리에게 산책이 있어서 얼마나 위안을 받는지요. 지친 영혼을 위로받는지요. 고독을 친구로 삼을 수 있는지요.

84 내 안의 평화 찾기

　고즈넉한 산사에 앉습니다. 적막강산에 혼자 앉아 있습니다. 고요 그 자체입니다. 아무것도 필요 없습니다. 그저 흘러가는 시간을 즐겨 맞습니다. 함박눈이 내리고 눈 속에 파묻혀 꼼짝 못할지라도 이 적멸(寂滅)이 오래가기를 원합니다. 그러나 적막강산에 혼자 있어도 내 안이 시끄러우면 결코 평화로울 수 없습니다. 평화는 조용한 곳에서 구할 수 있는 것이 아닙니다.

　인간은 언제나 평화를 원합니다. 고요를 원합니다. 방해받지 않는 나만의 시간. 정처 없이 평화의 강물에 떠내려가는 자신을 그토록 원합니다. 평화라는 친구가 영원히 곁에 있어 주기를 원하지만 사람은 평화 속에서만 있을 수는 없습니다.

찌든 세속의 삶은 야단법석입니다. 요란하고 현란합니다. 그곳에 있으면 마냥 행복할 것 같지만 그렇지 않습니다. 한쪽은 매일 시려옵니다. 떠들며 몸을 흔들고, 유혹과 쾌락에 던져도 보지만 그 다음에 오는 것은 허전함. 잠시의 기쁨이 오로지 내 것은 아닙니다. 스쳐 지나갈 뿐입니다.

평화를 갈구합니다. 누구나 내 안의 평화, 내 가족의 평화, 사회와 인류의 평화를 원합니다. 그러나 평화는 좀처럼 쉽게 찾아오지 않습니다. 원한다고 아무 때나 "짠" 하고 나타나는 것도 아닙니다.

그토록 원하는 평화건만 우린 마음으로만, 속으로만, 기도 속에서만 찾고 있습니다. 매일 기구하지만 우리 언저리에서 맴돌다가 평화는 사라집니다. 그러니 원하기만 해서는 안 됩니다. 기도만 해서는 안 됩니다.

찾아 나서야 합니다. 내 안의 평화를 위해 분연히 찾아 나서야 합니다. 평화는 산책한다고, 절간에 잠시 머문다고 찾아오는 것이 아닙니다. '내 안의 평화'는 내 마음의 평화가 온전해야 오래 머물 수 있습니다.

마음의 평화를 찾으려면 자신의 마음을 줄기차게 갈고 닦아야 합니다. 명상을 하고 반성을 하고 열정을 갖고 희망을 향해 도전하는 내 행동의 움직임이 있어야 합니다. 매일매일 반성해도 모자랍니다. 매일매일 열정과 희망을 쌓아도 모자랍니다. 내 옆의 모든 사람의 어려움과 아픔을 함께 이해하고 함께 아파하는 노력이 있어야 합니다.

지금 지구촌 어딘가에서는 굶주리고 지쳐가는 사람들이 많습니다. 물이 없어서 오염된 강물을 먹으며 병들어가는 아이들도 있습니다. 가녀린 나뭇가지처럼 말라가는 아이들, 그저 빵 한 쪽만 먹어도 소원이 없어 보이는 아이들의 눈빛. 그런 아이들을 내버려둔 채 우리만 따뜻한 곳에서 배불리 먹고, 심지어 넘쳐서 버리고 마구 쓰고 낭비하며, 많이 갖고 살려고 해서는 평화는 오지 않습니다. 그들과 함께하려는 노력이 있어야 합니다.

아끼고 적게 갖고 많이 쓰지 않는 생활이 그들과 함께하는 것입니다. 내가 물 한 모금 함부로 버리지 않으면 그 물은 지구 반대쪽 그 아이에게 갑니다. 내가 덜 먹고 조금 공복을 느끼면 그 빵이 그 아이에게 갑니다. 나무 하나 덜 자르고 자연을 지키면 그 자연이 내뿜는 산소가 그 아이에게로 갑니다. 함께 아파하고 힘이 되어주려는 고마운 마음은 허공을 가르며 달려가 그들에게 안길 것입니다. 그런 마음이 오래도록 내 안에 함께하는 평화를 만들어줍니다. 바로 내 이웃, 내 가족을 따뜻한 웃음으로 바라보고 마주하는 일, 그것이 시작입니다.

평화의 강물은 계속 흐르고 있습니다. 바로 오늘 그 강물에 내가 풍덩 몸을 담가 함께하기만 하면 됩니다. 그 강물은 넓고 따뜻해 누구나 다가갈 수 있고 따뜻한 기운을 얻을 수 있습니다.

    내일의 평화가 먼저가 아니고 바로 오늘, 이 자리의 평화가 먼저입니다. 그래야 오래도록 평화가 함께합니다. 내 마음의 전쟁을 멈추는 평화는 이제 내 손과 발걸음에 달려 있습니다.

    눈 속을 헤치고 나와 거리의 평화 행진에 촛불을 듭니다.

85. 시간은 흘러흘러 어디로, 흔적 없이

시간은 흘러흘러 어디로 그리 바삐 갈까요. 붙잡을 수도 없고, 어서 오라고 손짓해봐야 소용이 없습니다. 인간은 시간의 노예입니다. 순간순간 시간을 위해 사는 것 같습니다. 지금 바로 이 순간도 금방 과거가 되고 다시 또 현재가 된 듯하면 또 금세 옛일이 됩니다.

도대체 시간이라는 놈은 정체가 없습니다. 오는 곳도 모르겠고 가는 곳도 모르겠습니다. 우리 곁에 찾아와 뭘 원하는 걸까요? 한동안 붙잡아 매어둘 수만 있다면 따져 묻고 싶은 것이 한두 가지가 아닙니다.

시간은 말이 없습니다. 그저 제 갈 길만 처연히 가고 있을 뿐입니다.

'째깍째깍' 무서운 소리입니다. 그가 내는 소리는 한 치도 어김이 없어 때로는 질립니다. 바람처럼 왔다가 과거의 기억들만 무수히 뿌리고 저만치 앞서갑니다.

종종걸음 치며 달려가지만 그의 속도를 따라잡을 수 있는 것은 지구상에 아무도 없습니다. 금세 지치기 때문입니다.

시계를 안 보고, 시간을 모른 채 살 수만 있다면, 조금 불편하지만 못 살 것도 없습니다. 배고프면 밥 먹고, 잠 오면 자고, 해 뜨면 일어나고, 해 있으면 일하고 그러면 됩니다. 사람이 만든 복잡함에 갇혀 시계가 태어나고, 드디어 시간이라는 것이 사람에게 엄청난 압박감으로 다가왔습니다.

시간을 못 맞추면 안 되는 일도 많아졌고 정시에 출발하는 것도 많아졌습니다. 공동생활을 하면서 전체를 통솔하기 쉬운 것이 시간 밖에 없기도 하군요. 그래서 시간 감각이 없는 사람도 생기고 지각생도 생기고 뒤처지는 사람도 생기고 했겠지요.

모두가 다 정시에 출발하는 기차를 타야 할까요? 지각하고 뒤처지면 또 좀 안 될까요? 그럼 혼자 산속에 들어가 살면 된다구요?

시간이 만든 제약 때문에 사람과 사람 사이에 정이 없어진 듯합니다. 너무 각박하고 영악스럽게 변한 것은 시간 때문이 아닐까 합니다. 한 치도 오차를 인정하지 않잖아요. 느슨한 것이 하나도 없잖아요.

농사를 오래 지으신 분들은 시계를 보지 않고도, 달력을 보지 않고도, 글자를 모르고도 때 되면 다 씨앗을 뿌립니다. 산천에 무슨 꽃이 피었나, 무슨 나무에 물이 올랐나를 보고 씨앗을 심을 때를 알고 가꾸고 거둘 때를 아는 것입니다. 그러니 그분들에겐 자연이 시계입니다. 그 시계는 더 정확합니다. 왜냐하면 계절에 따라 일기 변화가 많은데, 그 당시 자연 변화보다 더 정확한 가르침은 없기 때문입니다. 그러니 더 정확하게 적당한 때에 씨앗을 심는 것이었지요.

그들은 약속을 할 때도 "몇 시에 만나자"보다는 "저녁 먹고 만나자" 합니다. 때라는 것은 끼니를 말하는 것이니 그 끼니를 중심으로 약속을 하는 것이지요. 어김없이 비슷한 시간에 또 만나게 됩니다.

시계를 보지 않고도 살 수 있는 삶의 지혜가 몸에 배어 있는 것입니다. 자연의 삶 속에서 슬기롭게 터득한 것입니다. 그저 자연의 시간에 순응하는, 이런 삶의 지혜가 사람에게 더 필요한 것이 아닐까요.

시간은 내가 어떻게 관리하고 쓰느냐에 달려 있다고 합니다. 마냥 종종걸음 치면 항상 시간에 쫓길 수밖에 없습니다. 그럼 또 손해 보는 것은 내 건강이고 내 허약한 심신입니다. 내 안의 시계에 맞춘 정상속도를 찾는 것이 가장 먼저 할 일처럼 보입니다.

조금 손해 보더라도, 조금 뒤처지더라도 10분만, 5분만 시계를 늦춰보는 겁니다. 그럼 내 안에 생긴 여유로 손해 본 만큼, 뒤처진

만큼 다른 보상이 따라옵니다.

　각박하다는 것은 한 치의 오차도 없는 시간이 만든 병입니다. 서로 마음과 마음 사이에 흐르는 인정이 있어야 합니다. 인정은 시간에 얽매이지 않을 때 찾을 수 있습니다.

　이제 인생의 남은 시간을 생각해봅니다. 누구나 얼마나, 언제까지 삶의 시간이 남았는지 모릅니다. 모르면서 정처 없이 또 그 시간을 쓰고 있습니다. 살날은 산 날보다 더 풍요롭게, 내일은 오늘보다 더 멋지게 살아야지요. 지금까지의 시간보다는 더 값지게 살아야지요. 시간은 항상 쫓아오는 법, 자유롭게 내 마음을 써야지요.

　시간이 그리 많이 남지는 않은 듯합니다. 시간이 별로 없습니다. 그러니 시간을 아껴서 잘 써야지요. 시간에 구애됨 없이.

86. 떠남은 또 다른 길 찾기

"열심히 일한 당신 떠나라"고 합니다. 매 순간 우리는 어디든 떠나고 싶어합니다. 기차역만 봐도 훌쩍 어디론가 가고 싶고, 하늘 높이 떠가는 비행기만 봐도 그 비행기에 앉고 싶어집니다.

왜 우린 떠나려고만 할까요. 한곳에 머무르지 못할까요. 유목민족의 후예라서 그런 걸까요. 현실에 불만족해서 그런 걸까요.

아무튼 우린 수시로 떠납니다. 주말마다 어디론가 가고, 휴가 때는 물론 1년 동안 착실히 돈을 모아 외국 여행을 가는 사람도 많이 생겼지요. 무엇을 찾아 떠나는 건가요. 갔다 오면 그 욕구가 어느 정도 충족이 되던가요?

떠남은 목마른 자에게 건네는 한 모금 샘물입니다. 떠날 수 있는 사람은 행복한 사람입니다. 열정이 있는 사람입니다.

어딘가로 떠난다는 것은 떠나기 전부터 사람을 설레게 합니다. 소풍을 앞둔 초등학생처럼 밤잠을 설칩니다. 새로운 것, 새로운 세계가 기다리고 있기 때문입니다. 전혀 알지 못하는 미지의 세계, 짐작조차 할 수 없는 새로운 문화가 그곳에서 자신을 반겨 맞기 때문입니다. 가슴은 벅차오르고 준비물을 챙기면서 연신 콧노래를 부릅니다. 떠난다는 것은 새로운 것을 만난다는 것입니다. 변화 속에 자신을 놓는 것입니다.

떠남은 현재의 삶을 버리는 것입니다. 진부한 어제까지의 관행을 스스로 박차는 것입니다. 어제까지 나를 짓누르던 꿈의 방해 요소들을 과감히 쓰레기통에 쑤셔 넣는 것입니다. 자신을 찾아가는 즐거운 여행길이 바로 떠남입니다. "야호" 고함을 지르고 떠나는 것입니다.

더 많이 채우고 싶은 욕구가 사람에게는 있습니다. 건전한 지혜의 욕구를 충족시키기 위해 사람들은 떠납니다. 보는 것 모두 신기하고 가슴속에 화인처럼 와서 사진으로 박힙니다.

떠나서 머무는 곳 어디서나 만나는 아주 사소한 것에서도 삶의 교훈거리를 만듭니다. 여행지에서 만나는 사람이, 풍경이, 나에게 보이는 모든 것이 내 삶에 차곡차곡 쌓여 삶의 길잡이 역할을 합니다. 가다듬게 합니다. 내 삶을 돌아보게 합니다.

눈이 즐겁습니다. 영혼이 살찌는 것 같습니다. 낯선 풍경, 낯선 사람도 그대로의 풍경이고 내 마음에 건네는 그들의 눈빛도 따스합니다. 이리 좋은 여행을 왜 자주 오지 못했나 탄식도 합니다. 모두 자신만을 위해 신이 어제부터 펼쳐놓은 풍경화 같습니다. 자신이 단 한 명의 관객이고, 눈에 보이는 다른 모든 것은 자신을 위해 무대 위로 올라간 무대장치 같습니다. 그러니 얼마나 가슴 벅차고 놀랍지 않을 수 있겠어요.

사람에게는 재충전이 필요합니다. 앞만 보고 달려갈 수는 없습니다. 기계라면 또 모르지만, 인간은 어디선가 에너지를 얻고 그 기운으로 하루하루 살아가는 것입니다.

기운이 부족하다고 생각될 때 무조건 떠납니다. 떠나보면 어디든 새로운 것들이고 그것을 보면서 세상을 알게 되고 또 기운을 차립니다. 떠나지 못하는 사람은 아무도 없습니다. 시간이 없다는 것은 핑계입니다. 아주 게으른 사람이나 못 떠나는 것입니다.

떠남의 도중에 항상 길을 만납니다. 그 길을 통해 문화를 만난다고 합니다. 예전부터 길은 있어왔습니다. 그 길을 통해 문화와 문화가 만나고 사람과 사람이 소통을 해왔습니다. 길은 사람이 만든 길이고, 사람들이 손잡고 소통하는 공간이어야 합니다. 다른 사람, 다른 문화를 통해 내 삶을, 내 문화를 갈고 닦아야 하는 것입니다.

돈에 구애받지 않고 열심히 일해서 모은 돈을 다 털어 몇 개월씩

외국을 다녀오는 젊은이들도 있습니다. 다녀온 그들은 부쩍 자신의 키가 커져 있음을 스스로 느낍니다. 자신들의 세계관이 부쩍 넓어진 것을 실감합니다. 나만 알고 살았던 시간에서 벗어나 나 아닌 사람들에게도 손을 건넬 줄 아는 자신을 보고 놀랍니다. 그렇게 자신의 삶이 따뜻해진 것은 머무르지 않고 흘렀기 때문에 가능했습니다.

    바람처럼, 구름처럼 훌쩍 떠날 수 있는 당신은 행운아입니다. 당신이 흐를 수 있도록 오늘 떠나는 당신은 삶을 주체적으로 살 줄 아는 사람입니다. 당신을 불태울 줄 아는 사람입니다. 새롭게 피어나는 당신, 어느 길에서 당신을 만나건 박수를 보냅니다.

87. 오늘 하루 어떠셨어요?

"오늘 하루 어떻게 지내셨어요?"

열심히 일하셨다고요? 재미 있으셨다고요? 더러 화나는 일도 있었겠지요. 울고 웃고 즐기다보니 금세 또 하루가 갔지요. 그래도 나에게 주어진 이 하루가 얼마나 소중한지요. 하루가 없으면 내가 살 수도 없을 테니 말이지요.

하루는 삶의 가장 기초단위입니다. 누구나 하루 중 낮에는 활동하고 밤에는 휴식합니다. 저마다 지내는 하루는 다 다릅니다. 지구 60억 인구 모두 하루의 내용은 다 다르지요. 같은 시간에 깨어나 출발해도 저마다의 색깔로 하루를 채워갑니다. 일분일초도 같은 내용으로 지내는 사람은 없습니다.

즐겁게 하루를 보내는 사람도 있고 의미 없이 하루하루가 힘겨운 사람도 있습니다. 몸이 불편해서 하루 보내는 것이 천근만근인 사람도 있습니다. 그러나 모두 그 하루가 내게 있어 고마워하는 마음에는 변함이 없습니다. 오늘 하루 살아 있음을 고마워합니다.

모두들 그 하루를 쌓아 인생을 삽니다. 그 하루를 다르게 이루어 자신의 역사를 만들어갑니다. 시간도, 계절도, 식물도, 열매도 모두 하루하루 다르게 이루어 자신의 오늘을 만들었고 내일을 만들 준비를 합니다. 태산은 하루아침에, 처음부터 바로 쌓을 수는 없습니다. 꾸준히, 묵묵히, 집착 없이, 뽐내지 않고 하루하루 쌓아 태산이 있는 것입니다.

하루에는 그 시간에 맞는 사람의 쓰임새가 필요합니다. 그 쓰임새대로 하루 시간을 보낸 사람은 집에 돌아와 피곤한 몸을 누여도 즐겁습니다. 별빛을 보며 집으로 돌아와도 뿌듯합니다. 오늘 하루를 살면서 자신이 스스로 하루를 만든 것만 같습니다. 벅차오르는 그 느낌이 또 내일 하루를 살게 합니다.

말기 암환자나 죽음을 눈앞에 둔 사람은 하루가 참 소중합니다. 절박합니다. 하루를 사는 이 느낌이 오래오래 가기를 원하지만 자신의 생각과 달리 금방 지나갑니다. 단 하루만 더 살 수 있다면, 그런 마음으로 하루를 보냅니다. 내일, 오늘과 같은 하루가 주어질지 잘 모릅니다. 간절히 기도해보지만 밤이 지나보아야 알 수 있습니다.

"내일 하루만 더 살 수 있다면……."

"내일 죽는다는 생각으로 오늘 하루를 산다면……."

사람들은 하루를 의미 있게 보내기 위해 이런저런 각오를 합니다. 그렇지만 내일의 태양이 떠오르면 또 오늘과 비슷한 하루를 살고 맙니다. 관성적으로 하루를 보낼 뿐입니다. 순간순간은 어제와 다르지만 하루 전체 모습은 어제와 별반 다를 게 없습니다. 매일 반복되는 일, 퇴근 후 어울려 술 한잔 먹고 늦게 집에 돌아와 잠자고 다시 출근하기 바쁜 하루. 그저 이렇게 하루를 사는 것에 만족하는 것도, 만족하지 않는 것도 없고, 모두들 이렇게 사나보다 하고 삽니다. 언젠가는 가슴 벅차게 하루를 보낼 날이 있겠지 하고 동경하며 하루를 타성에 젖어 보내지만 이미 하루하루의 시간은 인생을 너무 많이 갉아먹었습니다.

"이렇게 하루를 보내도 되는가?"에서부터 다시 더듬어 찾아봅니다. 단 하루 산다면 오늘 하루를 어떻게 보낼까, 하루하루를 얼마나 고마워하고 있는가를 생각합니다. 고마워하지 않는 자신을 타박하며 자신이 원하는 하루의 리듬을 찾습니다. 3년 후, 5년 후, 10년 후 나의 하루는 어떻게 변해 있을지, 어떻게 변해야 할지를 생각하며 오늘 하루의 결심을 새롭게 다집니다. 먼 훗날, 그때 그 결심이 아니었다면 내 삶은 얼마나 무의미했을까를 생각할 날도 있겠지요.

오늘 하루, 오로지 나만이 갖는 세상의 시간입니다. 그러니 고맙고 감사하게, 평화롭게 하루를 보내야겠지요. 내가 일할 수 있도록 한 내 몸에게 감사하고, 내가 오늘 하루 남에게, 세상에게 받은 것은 소중히 마음에 새깁니다. 오늘의 반성이 내일 하루 또 희망입니다.

    오늘 하루 평화로우신지요?

8요.
돌고 도는 돈, 딱 필요한 만큼만

"부자로 살고 싶은 생각은 없어요. 그렇다고 너무 가난하게 사는 것도 싫어요. 남한테 돈 꾸러 다닐 정도만 아니면 되지요."

거의 대부분 사람들은 돈에 대해 이렇게 말합니다. 과연 사람에게 돈은 얼마나 필요한 걸까요. 살면서 사람을 정신없이 안달복달하게 만드는 돈은 과연 얼마나 있으면 이제 됐다, 하면서 더 이상 찾지 않게 될까요. 돌고 도는 돈이라는데 왜 내게만은 돈이 그렇게 안 돌아오나 한탄도 많습니다.

돈이 없으면 하루도 못 사는 걸까요? 아무리 돈이 없다, 없다 하는 사람도 어떻게든 하루를 살고 있습니다. 그걸 보면 돈이 없어도 살 수는 있는 것 같은데, 조금 춥겠지요, 배고프겠지요. 돈 없는 게 얼마나 무섭고 힘든지 안 당해본 사람은 모른다고 할지도 모르겠네요. 돈은 이제 모든 가치 판단의 척도가 되어버렸습니다.

돈은 이때까지 어느 누구도 부자로 만들지 못했다고 합니다. 돈이라는 게 모으면 모을수록 더 모아야 직성이 풀리니 부자가 되어도 부자가 된 것을 모르지요. 돈을 모으면 눈이 멉니다.

사람이 옷을 입게 되면서 감출 것이 생기고 시기하고 질투하는 심리가 싹텄을지도 모른다고 했습니다. 사람이 돈을 알게 되면서 욕심이 생기고, 많이 가지려고 하고, 다툼과 전쟁이 생긴 것이 아닐까 합니다. 돈만 없다면 사람답게 사는 사회가 될 수 있을까요? 모두들 필요악이라고 하지만 서로 많이 가지려고 아귀다툼입니다. 육박전도 이런 육박전이 없습니다.

많이 가진 사람이 있으면 적게 가지거나 아예 갖지 못하는 사람도 생깁니다. 돈을 많이 가진 사람이 누리는 행복이 너무 그럴듯하고 좋게만 보여, 없는 사람은 또 기를 쓰고 있는 대열에 끼기 위해 노력합니다.

사회는 돈이 있는 사람 위주로 돌아갑니다. 항상 모임의 중앙에 앉는 사람은 돈 많은 사람입니다. 더 많은 돈을 벌기 위해 돈 있는 사람들끼리 뭉칩니다. 가난하다고 그 대열에서 벗어난 사람에게는 연말에 돈 몇 푼 집어 던져주면 그만입니다. 내 알 바 아닙니다. 그들은 가난을 경멸합니다. 가난은 가난한 사람의 무능력이나 게으름 때문이라고 말하면서 자신의 부지런함을 뽐냅니다.

따지고보면 가난한 사람의 주머니를 털어서 자신의 거드름을 키운 것이나 마찬가지인데 자신은 공짜로 얻은 것으로만 압니다. 자신은 공정하고 도덕적이었다고 강변합니다.

참 큰일인 것은 부자는 부자를 낳고, 가난한 사람은 가난한 사람을 낳는다는 것입니다. 가난이 대물림되는 사회구조 때문에 사람들이 기를 쓰고 돈을 모으는 것인지도 모릅니다. 더 걱정인 것은 돈 많은 사람의 아이들은 공부를 잘할 수밖에 없고 좋은 대학, 좋은 일자리, 좋은 지위에 오를 수밖에 없는 부의 연결고리가 확연히 생긴 것입니다. 돈은 철저히 사람 사이를 가르는 것이 되었습니다.

평생 힘들게 번 돈을 자식에게 주지 않고 사회에 희사하는 오뎅장수 할머니, 자식은 자식대로 살아야 한다면서 부를 물려주지 않고 자신도 회장직에서 물러나 사회기업으로 만든 기업인, 돈은 그렇게 써야 하는 것이지요. 나를 위해 희생한 다른 사람이 있었기 때문에 내가 돈을 번 것입니다. 돌고 도는 돈인데 하늘에서 툭 떨어진 돈을 주웠을 리는 없습니다. 누가 나를 위해 돈을 썼거나, 노동을 샀거나, 희생하고 봉사한 사람이 있다는 것이지요. 기업체 회장도 다른 수많은 종업원의 힘을 빌려 돈을 번 것이지요. 종업원의 월급봉투는 얇게 하고 자신의 지갑을 두둑이 한 것입니다. 그러니 함께 번 돈이지 어찌 자기만의 노력으로 번 것이겠어요.

돈 있다고 너무 뻐기지말자구요. 돈 있다고 너무 자랑말자구요. 돈 있으면 다 행복하게 사나요? 더 큰 근심과 고민이 많잖아요. 그 많은 돈을 지키기 위해 고민도 생기구요.

최소한의 생활로 지구 공동체를 생각하는 사람들의 삶은 적어도 부자보다는 훨씬 행복합니다. 마음이 부자니까요. 서로가 서로를 생각하는 마음이 얼마나 가슴을 따뜻하게 하는데요. 돈 많은 부자들 시린 가슴과는 질이 다르지요.

흔히들 죽을 때 돈 싸들고 가지 않는다고 합니다. 살아 있을 때 돈을 잘 쓰고 돈 욕심 부리지말아야 합니다. 평생을 악착같이 돈 모으는 데 바치면 얼마나 허망할까요. 써보지도 못하고 죽으면 얼마나 애가 탈까요. 딱 내 몸, 내 가족 살 수 있는 정도, 필요한 만큼만 있으면 됩니다. 그 필요한 만큼의 기준을 최소한으로 정한 사람은 마음이 부자인 사람입니다.

89. 아무도 가보지 않은 죽음, 마구 달려가는 곳

누구나 죽는다는 것을 두려워합니다. 죽음은 그저 광막한 어둠의 나락으로 한없이 굴러 떨어지는 것과 같을 거라고 생각합니다. 누구도 가보지 않은 세상, 누구도 얘기할 수 없는 세상이 죽음입니다.

누구나 죽어가는 연습을 합니다. 주어진 삶의 시간을 연습하다가 최종으로 맞닥뜨리는 죽음 앞에 모두 무릎을 꿇습니다. 죽음은 부자도, 가난한 사람도, 많이 베푼 사람도, 인색한 사람도 모두 모두 차별 없이 받아줍니다.

공자는 "삶도 잘 모르겠는데 어떻게 죽음을 알겠느냐"고 했습니다. 삶을 알면 절로 죽음도 알게 된다는 말이지요. 삶과 죽음은 별개가 아니라는 이치, 별다를 게 없다는 이치를 말합니다. 장자는 삶과 죽음은 사계절이 바뀌는 것처럼 자연스런 변화 과정이므로 크게 야단을 떨 일은 아니라고 했습니다. 그저 몸이 이사 가는 것이 죽음이라는 것이죠.

대체로 큰 성인들은 삶과 죽음은 같은 것이니 그리 두려워말라고 하고, 또 어떤 이들은 이승에서의 삶이 최고의 삶이니 최선을 다해 행복하게 살라고 합니다. 종교인들은 또 이승에서의 삶에서 복을 잘 지어놓으면 죽어서 다시 다른 생명으로 태어날 때 죄업 많지 않은 동물의 몸을 갖고 태어난다고 얘기합니다. 죽지 않고서야 누구 말이 맞는지 알 수 없습니다. 살아 있는 어느 누구도 확인할 길이 없습니다.

죽음을 두려워하지 않는 두 부류가 있지요. 죽음보다 더 큰 가치에 목숨을 희생하는 사람과, 사는 것이 죽는 것만 못한 부류입니다. 하루하루 지친 삶도 있을 수 있지요. 한 부류에게는 죽음이 한 송이 꽃인데 또 한 부류에게는 마지못해 택하는 죽음입니다. 생각해보니 죽음도 여러 종류가 있군요.

인간은 죽음이 있기에 지금의 삶에 충실한지도 모르겠다는 생각이 듭니다. 죽음이 없고 천년만년 목숨이 이어진다면 사람들의 삶은 얼마나 느슨하고 방탕해질까요. 또 죽음이 있긴 있지만 언제 찾아올지 모르니 사는 동안의 삶에 더 가치를 두고 열정적으로 사는지도 모릅니다. 누구나 살기는 좋아하지만 죽기는 싫어합니다. "개똥밭에

굴러도 이승이 좋다"고들 하니까요.

누가 죽으면 우린 "돌아가셨다"고 합니다. 참 절묘한 말입니다. 그가 왔던 곳으로 다시 돌아간 것입니다. 어디서 왔는지도 모르고 어디로 가는지도 모르지만 아무튼 그곳으로 그가 돌아갔을 것이라 믿고 그렇게 말하는 것입니다.

사람들은 인간이 흙에서 왔으니 다시 흙으로 돌아간다고 믿습니다. 또 영혼은 영원히 살아 다른 영혼으로 새로 태어난다고 믿습니다. 그저 위안일 뿐이더라도 그렇게 믿습니다.

이렇듯 우리의 본향도, 우리가 갈 곳도 모른 채 삶의 시간은 마냥 흘러갑니다. "잠깐만 스톱" 할 수도 없는 것이 죽음에 이르는 시간입니다. 잠시 이곳에 머물다 다녀가는 세포 덩어리입니다. 자연의 처지에서 보면 우리가 오고 가는 게 뭐 별 대수롭지 않습니다. 세상은 그저 무심히 흘러갑니다. 큰 지장이 없습니다.

우주 속에서 보면 한 인간의 생사가 얼마나 티끌 같은 것일까요. 그저 먼지처럼 세상을 살고 있는 존재가 바로 인간입니다. 바로 나 자신이 누군지도 잘 모르는.

90. 모든 것 마음먹기에 달린 것

드디어 마음입니다. 그동안 얘기했던 모든 가치들은 이제 이 마음만 잘 가다듬으면 문제없습니다. 모든 것은 오직 이 마음이 만듭니다. 마음먹기에 달렸습니다. 마음을 잘 알고 마음을 잘 써야 합니다. 하루에도 수십 번 변하는 마음을 잘 다잡아 성내지 않게, 이리저리 망아지처럼 날뛰지 않게 고요한 자리에서 쌓은 덕을 잘 발휘할 수 있도록 갈고 닦아야 합니다.

옛 성현들은 항상 마음의 본말을 알고, 마음 닦는 법을 알고, 마음 쓰는 법을 잘 아는 것이 모든 지혜 중에서 제일 으뜸이라고 했습니다. 이토록 힘들고 어려운 것이 마음이고 마음 쓰는 것입니다. 열린 마음, 너른 마음으로 마음자리를 갖추라고 하지만 그게 좀처럼 쉽지 않습니다.

세상의 모든 것을 가질 수도 있고 버릴 수도 있는 것이 마음입니다. 생명을 움직이고, 생명을 끌고 나가는 주인이 마음입니다. 마음을 잘 쓰면 그만큼 사는 일이 편하고 행복합니다. 사람의 행복과 불행을 좌우하는 열쇠가 바로 마음이지요. 강산도, 천지만물도, 구르는 조약돌도 마음먹기에 따라서 다 내 것으로 할 수 있습니다. 물론 한순간에 물거품으로 만들 수 있는 것도 마음입니다.

마음은 어디에 있는지 아무도 모릅니다. 그저 변화무쌍하고 부지불식간에 튀어나오고 들어갑니다. 내 생각과는 전혀 엉뚱한 방향으로 흐르기도 하고 내 생각과 조화를 이뤄 잔잔하게 흐르기도 합니다. 마음이 하는 대로, 하자는 대로 해서는 안 됩니다. 내가 내 마음을 잘 부리는 사람이 되어야 합니다. 그런데 그게 참 어렵습니다. 그것만 잘하면 누구나 평화로운 자리에 앉을 수 있고 도인이 될 터인데 그게 그렇게 어렵습니다.

행동을 닦는 숫돌이 마음입니다. 그래서 마음을 잘 닦으라고 합니다. 마음을 닦는 방법에 대한 책은 많습니다. 선현들의 좋은 글귀도 많습니다. 마음 훈련을 하는 데 도움이 됩니다. 마음을 닦는 것도 여러 단계가 있습니다. 그러나 그런 것은 잘 몰라도 됩니다. 어떤 경지에 이르기 위해 하는 것이 아니니까요. 그저 매일 성내는 불편한 하루를 유익하고 즐거운 하루로 만드는 것이 제일 큰 목표니까요.

우선 내 옆의 온갖 사소한 것들, 이를테면 곤충, 벌레, 바위, 물, 나무, 바람, 햇살에게도 따뜻한 관심을 갖고 따뜻한 눈으로 보는 것입니다. 무엇 하나 나와 별개로 떨어져 있는 것은 없습니다. 흐르는 시냇물도 마시는 물속에 포함되어 내 안에 들어와 있고, 나무가 내뿜는 산소도 내 숨 안에 들어와 있습니다. 하찮게 여겼던 모든 것들을 소중하게 바라보면 나와 연결되지 않을 것이 없습니다. 그렇게 잘 살펴보면 내 마음도 따뜻하게 가라앉고 차분해집니다.

그 따뜻한 마음의 기운이 넓게넓게 퍼져 또 세상을 따뜻하게 합니다. 너무 과하고 급하고 힘든 것은 조금 늦추고 흘러가는 것에 맡기는 것이 좋습니다. 모두 마음의 평화를 얻은 후에 다시 보면 별것 아니기도 하거든요. 또 다시 열정적으로 도전할 마음도 생기고 하는 것이니까요.

마음먹은 것은 '오늘 당장' 하는 것이 좋습니다. 길지 않은 삶, 미뤄두면 평생 못하고 후회할지 모릅니다.

'한 생각으로 전념, 오래도록.'

한 생각으로 잘 살피고, 무엇이든 할 수 있다는 신념으로 끈기 있게 달려들면 마음도 달려와 일이 되게 해줍니다.

마음을 쓰고 닦는 일에 뭐 그리 방도가 달리 있을까요? 스스로 할 수 있는 나만의 방식을 찾으면 되지요. 하루 10분 명상하는 것에도 길이 있고, 산책하는 것에도 길이 있고, 여행하거나 독서하는 데도 길이 있습니다.

 짧게 살다 가는 인생, 마음 편하게 살다가, 그 편한 마음이 주는 행복과 위안 속에서 살다가 가야 하지 않겠어요. 어떻게 마음을 쓰는가는 각자의 몫입니다. 누가 길을 가르쳐주고 방도를 일러주지 않습니다.

 길은 많지만 평화를 얻는 사람은 많지 않습니다. 죽을 때까지 오래도록 마음을 잘 써야 합니다. 잘 떠날 준비가 되었는지요?

+ 맺는 글

가장 소중한 것은 나 자신입니다

　싹이 돋고 꽃이 피고 비가 오고 다시 눈이 내립니다. 천지자연의 조화는 한순간도 경이롭지 않은 것이 없습니다. 작은 일부분이 아니라 지구 전체를 변화시키고 색깔을 갈아입힙니다. 따지고보면 매일매일 조금씩 한 삽 한 삽 일궈 바꾼 모양일 테지만 볼 때마다 신기하고 감동입니다.

　보기만 하고 감동만 하면 안 될 일. 그럼 나는 나 자신을 매일매일 일구기 위해 무엇을 하고 있나 생각해봅니다. 나를 둘러싸고 있는 것이 참으로 많습니다. 소중히 생각해야 할 것들이 참 많지요. 이 책에 적힌 것보다 훨씬 더 많습니다. 저마다 소중한 것을 찾아보면 생각보다 많은 숫자에 놀랄 것입니다.

　소중한 것을 소중하게 느끼지 않고 산 저 자신부터 반성합니다.

생각해보니 이런 소중한 것들 덕분에 내 한 목숨이 부지되고 있었습니다. 내 생각이 온전할 수 있었습니다. 너무 무심했다고 그저 용서만 빌면 될까요? 그 많은 소중한 것들을 데리고 내가 삽니다.

가장 소중한 것은 나 자신입니다. 내가 없으면 그 소중한 것들은 한낱 파편에 불과할 뿐입니다. 그 조각들의 얼개를 씨줄 날줄로 엮고 매어 내 몸에, 내 주위에 칭칭 동여맬 수 있는 것은 나 자신입니다. 그러니 내가 온전해야 합니다. 온전한 내 모습이어야 합니다. 평화의 모습으로 나를 잘 만들어놓아야 합니다. 잘 만들어놓아도 그 파편 조각들이 제대로 잘 따라올지는 모릅니다.

내 몸은 내 의지로 "가자" 하면 따라올지 모릅니다. 그러나 내 의지는, 내 마음은 내가 잘 갈고 닦지 않으면 뻗대면서 제 갈 길로 갈지도 모릅니다. 목줄을 힘차게 당겨도 따라오지 않을 수도 있습니다. 그러니 잘 토닥거려야 합니다. 참 고생 많다고, 변덕 심하고 쪼잔한 소심증 환자인 나를 데리고 사느라 힘겨움이 많다고 등을 두드려가며 잘 달래야 합니다. 피곤한 나를 일으켜 세울 사람은 나 자신입니다. 나를 달랠 수 있는 사람은 나 자신밖에 없습니다.

이제 박차고 일어나 잠자고 있는 내 소중한 의식을 일깨웁니다. 누구 하나라도 잠재우면 안 됩니다. 이제 시간이 많지 않습니다. 올 올이 다 깨워 함께 데리고 길을 떠나야 합니다.

마음먹은 것은 바로 오늘 하겠다는 결심을 합니다. 미뤄놓고 제쳐두고 하면 늙어 죽어도 못할 것, 해야 할 것은 오늘 당장 시작하자는 결심을 합니다. 그렇게 해도 삶의 시간은 부족하고 삶은 바삐 갈 것이기 때문입니다.

마음을 닦고 정화하는 일, 내가 할 일입니다. 자연과 사물을 보는 눈, 그 뒷면에 있는 명료함을 보는 눈, 내가 길러야 합니다.

길은 하나입니다. 여러 갈래가 있는 것이 아닙니다. 바로 내가 가야 할 길. 계속 앞으로 가야할 길. 좀 더 풍요롭게, 좀 더 여유롭게, 좀 더 조화롭게 가야할 길은 굵고 명확합니다.

살다가 뒤를 돌아볼 때, 지금 이 생각, 이 결심이 참 좋았다 할 때도 있겠지요. 그때 그 생각으로 가야할 길을 세웠기 때문에 남아 있는 내 삶의 시간이 참 살 만했다 하겠지요.

이제 그렇게 시작할 내 삶의 나이는 한 살이 되었습니다. 나이는 그다지 중요한 것이 아닙니다. 내 마음의 나이, 마음자리의 뿌리가 중요하기 때문입니다.

참 소중한 나를 데리고 사는 동안은 사람답게 살아야겠습니다. 사람답게 사는 길이 무엇인지 깨닫고 한 걸음, 한 걸음 내딛어야겠습니다. 어제와 다른 나, 내일은 또 내일의 '나'가 있습니다. 그걸 알아차리는 나는 오늘의 나와 같은 나이지만 위로받아 큰마음으로 변한 내일의 나입니다.

나는 나입니다. 둘도 없는 나, 소중한 나, 한순간에 불과한 물거품 같은 내 인생을 사랑하는 나.

내가 나 자신을 알 때, 세상은 참 소중해집니다. 소중한 세상에 단독자로 사는 나 자신이 그렇게 위대해 보일 수 없습니다.

바람이 지나고 비도 그치고 햇살이 가득 이 땅을 비추고 있습니다. 그 햇살을 껴안고 햇살이 가르쳐주는 대로 내가 내 길을 가야겠습니다. 그런 당신이 나의 행복이고 우리의 희망입니다.

모두가 넉넉한 마음자리에서 평안하시길.